IMIT
DE CRISTO

Tomás de Kempis

TEXTO INTEGRAL

TRADUÇÃO: PIETRO NASSETTI

CÓPIA NÃO AUTORIZADA É CRIME

ABDR
ASSOCIAÇÃO BRASILEIRA DE DIREITOS REPROGRÁFICOS
RESPEITE O DIREITO AUTORAL

EDITORA AFILIADA

COLEÇÃO A OBRA-PRIMA DE CADA AUTOR

IMITAÇÃO DE CRISTO

Tomás de Kempis

TEXTO INTEGRAL

MARTIN CLARET

CRÉDITOS

© Copyright da tradução: Editora Martin Claret, 2002
Título original: *De Imitatione Christi.*

**IDEALIZAÇÃO E
REALIZAÇÃO**
Martin Claret

Direção de Arte
José Duarte T. de Castro

CAPA
Ilustração
Cláudio Gianfardoni

Digitação
Conceição A. Gatti Leonardo

MIOLO

Editoração Eletrônica
Editora Martin Claret

Revisão
*Maria de Lourdes de Almeida
Saulo Krieger*

Fotolitos da Capa
OESP

Tradução
Pietro Nassetti

Papel
Off-Set, 75g/m²

Projeto Gráfico
José Duarte T. de Castro

Impressão e Acabamento
Paulus Gráfica

Editora Martin Claret - Rua Alegrete, 62 - Bairro Sumaré
CEP 01254-010 - São Paulo - SP
Tel.: (11) 3672-8144 - Fax: (11) 3673-7146
www.martinclaret.com.br

Agradecemos a todos os nossos amigos e colaboradores — pessoas físicas e jurídicas — que deram as condições para que fosse possível a publicação deste livro.

Este livro foi impresso no inverno de 2002.

A história do livro e a
coleção "A Obra-Prima de Cada Autor"

MARTIN CLARET

Q ue é o livro? Para fins estatísticos, na década de 60, a UNESCO considerou o livro "uma publicação impressa, não periódica, que consta no mínimo de 49 páginas, sem contar as capas".

O livro é um produto industrial.

Mas também é mais do que um simples produto. O primeiro conceito que deveríamos reter é o de que o livro como objeto é o veículo, o suporte de uma informação. O livro é uma das mais revolucionárias invenções do homem.

A *Enciclopédia Abril* (1972), publicada pelo editor e grande empresário Victor Civita, no verbete "livro" traz concisas e importantes informações sobre a história do livro. Para completo conhecimento de nosso leitor, transcrevemos a seguir alguns tópicos desse didático estudo sobre o livro:

O livro na Antiguidade

Antes mesmo que o homem pensasse em utilizar determinados materiais para escrever (como, por exemplo, fibras vegetais e tecidos), as bibliotecas da Antiguidade estavam repletas de textos gravados em tabuinhas de barro cozido. Eram os primeiros "livros", depois progressivamente modificados até chegarem a ser feitos — em grandes tiragens — em papel impresso mecanicamente, proporcionando facilidade de leitura e transporte. Com eles, tornou-se possível, em todas as épocas, transmitir fatos, acontecimentos históricos, descobertas, tratados, códigos ou apenas entretenimento.

Como sua fabricação, a função do livro sofreu enormes modificações dentro das mais diversas sociedades, a ponto de constituir uma mercadoria especial, com técnica, intenção e utilização determinadas. No moderno movimento editorial das chamadas sociedades de consumo, o livro pode ser considerado uma mercadoria cultural, com maior ou menor significado no contexto socioeconômico em que é publicado. Enquanto mercadoria, pode ser comprado, vendido ou trocado. Isso não ocorre, porém, com sua função intrínseca, insubstituível: pode-se dizer que o livro é essencialmente um instrumento cultural de difusão de idéias, transmissão de conceitos, documentação (inclusive fotográfica e iconográfica), entretenimento ou ainda de condensação e acumulação do conhecimento. A palavra escrita venceu o tempo, e o livro conquistou o espaço. Teoricamente, toda a humanidade pode ser atingida por textos que difundem idéias que vão de Sócrates e Horácio a Sartre e McLuhan, de Adolf Hitler a Karl Marx.

Espelho da sociedade

A história do livro confunde-se, em muitos aspectos, com a história da humanidade. Sempre que escolhem frases e temas, e transmitem idéias e conceitos, os escritores estão elegendo o que consideram significativo no momento histórico e cultural que vivem. E, assim, fornecem dados para a análise de sua sociedade. O conteúdo de um livro — aceito, discutido ou refutado socialmente — integra a estrutura intelectual dos grupos sociais.

Nos primeiros tempos, o escritor geralmente vivia em contato direto com seu público, que era formado por uns poucos letrados, já cientes das opiniões, idéias, imaginação e teses do autor, pela própria convivência que tinha com ele. Muitas vezes, mesmo antes de ser redigido o texto, as idéias nele contidas já haviam sido intensamente discutidas pelo escritor e parte de seus leitores. Nessa época, como em várias outras, não se pensava na enorme porcentagem de analfabetos. Até o século XV, o livro servia exclusivamente a uma pequena minoria de sábios e estudiosos que constituíam os círculos intelectuais (confinados aos mosteiros durante o começo da Idade Média) e que tinham acesso às bibliotecas, cheias de manuscritos ricamente ilustrados.

Com o reflorescimento comercial europeu, nos fins do século XIV, burgueses e comerciantes passaram a integrar o mercado livreiro da época. A erudição laicizou-se e o número de escritores aumentou, surgindo também as primeiras obras escritas em línguas que não o latim e o grego (reservadas aos textos clássicos e aos assuntos considerados dignos de atenção).

Nos séculos XVI e XVII surgiram diversas literaturas nacionais, demonstrando, além do florescimento intelectual da época, que a população letrada dos países europeus estava mais capacitada a adquirir obras escritas.

Cultura e comércio

Com o desenvolvimento do sistema de impressão de Gutenberg, a Europa conseguiu dinamizar a fabricação de livros, imprimindo, em cinqüenta anos, cerca de vinte milhões de exemplares para uma população de quase cem milhões de habitantes, cuja maioria era analfabeta. Para a época, isso significou enorme revolução, demonstrando que a imprensa só se tornou uma realidade diante da necessidade social de ler mais.

Impressos em papel, feitos em cadernos costurados e posteriormente encapados, os livros tornaram-se empreendimento cultural e comercial: os editores passaram logo a se preocupar com melhor apresentação e preços reduzidos. Tudo levou à comercialização do livro. E os livreiros baseavam-se no gosto do público para imprimir, principalmente, obras religiosas, novelas, coleções de anedotas, manuais técnicos e receitas.

Mas a porcentagem de leitores não cresceu na mesma proporção que a expansão demográfica mundial. Somente com as modificações socioculturais e econômicas do século XIX — quando o livro começou a ser utilizado também como meio de divulgação dessas modificações, e o conhecimento passou a significar uma conquista para o homem, que, segundo se acreditava, poderia ascender socialmente se lesse — houve um relativo aumento de leitores, sobretudo na França e na Inglaterra, onde alguns editores passaram a produzir obras completas de autores famosos, a preços baixos. O livro era então interpretado como símbolo de liberdade, conseguida por conquistas culturais. Entretanto, na maioria dos países, não houve nenhuma grande modificação nos índices percentuais até o fim da Primeira Guerra Mundial (1914/18), quando surgiram as primeiras grandes tiragens de um só livro, principalmente romances, novelas e textos didáticos. O número elevado de cópias, além de baratear o preço da unidade, difundiu ainda mais a literatura. Mesmo assim, a maior parte da população de muitos países continuou distanciada, em parte porque o livro, em si, tinha sido durante muitos séculos considerado objeto raro, atingível somente por um pequeno número de eruditos. A grande massa da população mostrou maior receptividade aos jornais, periódicos e folhetins, mais dinâmicos e atualizados, e acessíveis ao poder aquisitivo da grande maioria.

Mas isso não chegou a ameaçar o livro como símbolo cultural de difusão de idéias, como fariam, mais tarde, o rádio, o cinema e a televisão.

O advento das técnicas eletrônicas, o aperfeiçoamento dos métodos fotográficos e a pesquisa de materiais praticamente imperecíveis fazem alguns teóricos da comunicação de massa pensarem em um futuro sem os livros tradicionais (com seu formato quadrado ou retangular, composto de folhas de papel, unidas umas às outras por um dos lados).

Seu conteúdo e suas mensagens (racionais ou emocionais) seriam transmitidos por outros meios, como, por exemplo, microfilmes e fitas gravadas.

A televisão transformaria o mundo todo em uma grande "aldeia" (como afirmou Marshall McLuhan), no momento em que todas as sociedades decretassem sua prioridade em relação aos textos escritos.

Mas a palavra escrita dificilmente deixaria de ser considerada uma das mais importantes heranças culturais, entre todos os povos.

Através de toda sua evolução, o livro sempre pôde ser visto como objeto cultural (manuseável, com forma entendida e interpretada em função de valores plásticos) e símbolo cultural (dotado de conteúdo, entendido e interpretado em função de valores semânticos). As duas maneiras podem fundir-se no pensamento coletivo, como um conjunto orgânico (onde texto e arte se completam, como, por exemplo, em um livro de arte) ou apenas como um conjunto textual (onde a mensagem escrita vem em primeiro lugar — em um livro de matemática, por exemplo).

A mensagem (racional, prática ou emocional) de um livro é sempre intelectual e pode ser revivida a cada momento.

O conteúdo, estático em si, dinamiza-se em função da assimilação das palavras pelo leitor, que pode discuti-las, reafirmá-las, negá-las ou transformá-las. Por isso, um livro pode ser considerado instrumento cultural capaz de liberar informação, sons, imagens, sentimentos e idéias através do tempo e do espaço.

A quantidade e a qualidade de idéias colocadas em um texto podem ser aceitas por uma sociedade, ou por ela negadas, quando entram em choque com conceitos ou normas culturalmente admitidos.

Nas sociedades modernas, onde a classe média tende a considerar o livro como sinal de *status* e cultura (erudição), os compradores utilizam-no como símbolo mesmo, desvirtuando suas funções ao transformá-lo em livro-objeto.

Mas o livro é antes de tudo funcional — seu conteúdo é que lhe dá valor (como os livros de ciências, filosofia, religião, artes, história e geografia, que representam cerca de 75% dos títulos publicados anualmente em todo o mundo).

O mundo lê mais

No século XX, o consumo e a produção de livros aumentaram progressivamente. Lançado logo após a Segunda Guerra Mundial (1939/45), quando uma das características principais da edição de um livro eram as capas entreteladas ou cartonadas, o livro de bolso constituiu um grande êxito comercial. As obras — sobretudo *best-sellers* publicados algum tempo antes em edições de luxo — passaram a ser impressas em rotativas, como as revistas, e distribuídas às bancas de jornal. Como as tiragens elevadas permitiam preços muito baixos, essas edições de bolso popularizaram-se e ganharam importância em todo o mundo.

Até 1950, existiam somente livros de bolso destinados a pessoas de baixo poder aquisitivo; a partir de 1955, desenvolveu-se a categoria do livro de bolso "de luxo". As características principais destes últimos eram a abundância das coleções — em 1964 havia mais de duzentas, nos Estados Unidos — e a variedade de títulos, endereçados a um público intelectualmente mais refinado.

A essa diversificação das categorias adiciona-se a dos pontos de venda, que passaram a abranger, além das bancas de jornal, farmácias, lojas, livrarias, etc. Assim, nos Estados Unidos, o número de títulos publicados em edições de bolso chegou a 35 mil em 1969, representando quase 35% do total dos títulos editados.

Proposta da coleção
"A Obra-Prima de Cada Autor"

A palavra "coleção" é uma palavra há muito tempo dicionarizada, e em geral define o conjunto ou reunião de objetos da mesma natureza ou que têm qualquer relação entre si. Relativamente à editoração, significa o conjunto não-limitado de obras de autores diversos publicado por uma mesma editora, sob um título geral indicativo de assunto ou área, para atendimento de segmentos definidos do mercado.

A coleção "A Obra-Prima de Cada Autor" corresponde plenamente à definição acima mencionada. Nosso objetivo principal é oferecer, em formato de bolso, a obra mais importante de cada autor, satisfazendo o leitor que procura qualidade. No entanto, atendendo a pedidos de leitores, livreiros e professores, a partir de certo número da coleção começamos a publicar, de alguns autores, mais de uma obra.

Desde os tempos mais remotos existiram coleções de livros. Em Nínive, em Pérgamo e na Anatólia existiam "coleções" de obras literárias de grande importância cultural. Mas nenhuma delas superou a célebre biblioteca de Alexandria, incendiada em 48 a.C. pelas legiões de Júlio César, quando arrasaram a cidade. A coleção "A Obra-Prima de Cada Autor" é uma série de livros composta de mais de trezentos volumes, formato de bolso, com preço altamente competitivo e encontrável em centenas de pontos de venda. O critério empregado para selecionar os títulos foi o já estabelecido pela tradição e pela crítica especializada. Na maioria, são obras de ficção, embora possa haver textos sobre religião, poesia, política, psicologia, filosofia e obras de auto-ajuda. Inauguram a coleção quatro textos clássicos: *Dom Casmurro,* de Machado de Assis; *O Príncipe,* de Maquiavel; *Mensagem,* de Fernando Pessoa; e *O Lobo do Mar,* de Jack London.

Nossa proposta é de uma coleção aberta quantitativamente. A periodicidade é mensal. Editorialmente, nós nos sentimos orgulhosos em poder oferecer a coleção "A Obra-Prima de Cada Autor" aos leitores brasileiros. Nós acreditamos na função do livro.

Introdução

PAULO MATOS PEIXOTO

A Imitação de Cristo, *depois da Bíblia, de imediata inspiração divina, é o maior, mais difundido, mais benéfico, mais admirável, mais amado, mais popular, mais balsâmico de todos os livros que, em todos os tempos, vieram à luz neste mundo.*

É também — ainda excluindo-se a Bíblia — o mais velho dos livros de leitura permanente. Tem cinco séculos de vida e de ação nas consciências, nos corações e nas almas. Durante estes quinhentos anos, seus textos simples, mas profundos, consolam, aconselham, nutrem o espírito e lapidam os sentimentos da humanidade.

O tempo não lhe amorteceu a pertinência, nem saturou a expectativa dos homens pelo próprio aperfeiçoamento espiritual.

Nenhum outro livro, místico ou profano, pôde reunir textos que, a par da singeleza, fossem animados por linguagem tão direta e tão penetrante, tão capaz de arrebatar, de conter e de salvar. Nenhum outro escrito humano foi, nestes séculos, tão fértil em persuadir pela branda doçura, pela suave compulsão do bem e do amor, nem alcançou tantas almas e comoveu tanta gente.

Mais admirável ainda neste livrinho simples é que lhe procuram consolo, o estímulo e o rumo, ao mesmo tempo os espíritos iluminados de fé e aqueles que ainda estão submersos na escuridão da descrença e do pecado. Abrem suas páginas, na ânsia da mesma procura, os mansos e os violentos, os que já encontraram Deus, os que o aguardam e os que ainda não crêem. Todos sentem, sob a luz de seu espírito de amor e de força, estímulos para a vida e aquela ressonância que encaminha para Deus.

O autor de Imitação de Cristo *foi um espírito de intensa força interior e de um profundo e privilegiado compreendedor de almas. Sua psicologia é universal e transcende espaços, tempos, culturas e peculiaridades étnicas. Capaz de penetrar nos corações de todos* os homens, o inigualável psicólogo ofertou ao mundo normas de vida nobre que se destinavam aos seus coevos e aos seus pósteros.

O livro foi escrito por um monge e para monges, na densa atmosfera de um convento, em plena civilização medieval, envolta em seu obscurantismo e animada pelo primado da força e do poder, como essência dos sistemas. E nisso há outro mistério. Como se o autor se libertasse das paredes de pedra e das barreiras de uma civilização precária e discriminadora, projetou-se para os tempos futuros e considerou a alma humana em sua perenidade, sujeita, sempre, às mesmas angústias, tristezas, alegrias, paixões e incertezas. Atingiu todas as gerações, com sua palavra permanentemente atual, que prega o Evangelho eterno, a união com Deus, a convivência com o próximo.

A Imitação de Cristo, não tem pátria, nem ambiente, nem época. Tornou-se, universal que é, um patrimônio do mundo. E isso bem se vê no fato de estar a obra difundida em todas as línguas, para todas as gerações de todos os povos, em contínuas edições.

O autor, segundo é hoje crença geral, foi o frei Tomás de Kempis, nascido no ano de 1380, na Alemanha, no pequenino povoado de Kempen, nas proximidades de Colônia. Tomás foi monge agostiniano e viveu no mosteiro de Santa Ana, tendo recebido as ordens eclesiásticas em 1412 e permanecido a vida inteira — até os 91 anos, quando morreu — na importante função de mestre de noviços. Dessa vivência de condutor de almas nasceu-lhe a insigne obra que iria ser a peregrina do amor, do consolo e da piedade para a humanidade de todas as épocas.

Tomás morreu em 1471, em Zwolle, distrito de Utrecht, deixando ainda outras obras catequéticas.

Não importa que algumas das assertivas escritas no livro possam ser reformuladas, tendo-se em vista a época, o ambiente e o estágio de civilização em que foi escrito. A verdade é que conseguiu traduzir para o entendimento e para a sensibilidade humana as coisas divinas, êxito que nenhuma outra obra atingiu. Fala em linguagem humana de coisas divinas, e há séculos que alimenta o espírito dos homens e revela o caminho da vida ideal que é a suprema aspiração de todos. E essa tarefa sem dúvida não prevista pelo insigne autor, vai ser levada avante pelo perpassar de vários séculos.

Ao oferecer a nossos amigos este livro inestimável, formulamos o mais firme desejo de que ele seja a luz que espante as sombras do caminho e que leve à alma de cada um a centelha de amor que explode em suas páginas.

PRIMEIRO LIVRO

Avisos úteis para a vida espiritual

1. A imitação de Cristo, e o desprezo de todas as vaidades do mundo

1. "Quem me segue não anda em trevas", diz o Senhor (Jo 8, 12).

São essas as palavras de Cristo que nos exortam a imitar sua vida e costumes, se verdadeiramente quisermos ser iluminados e livres de toda a cegueira de coração.

Seja, pois, nosso principal empenho meditar sobre a vida de Jesus Cristo.

2. A doutrina de Cristo excede todas as doutrinas dos santos e quem tiver o seu espírito há de encontrar o maná nela escondido.

Acontece, porém, que muitos, apesar de ouvirem amiúde o Evangelho, pouco fervor experimentam, porque não possuem o espírito de Cristo.

Quem quiser, pois, compreender e saborear toda a plenitude das palavras de Cristo deve esforçar-se em conformar com Ele toda a própria vida.

3. Que te aproveita discorrer profundamente sobre a Trindade, se não és humilde e assim desagradas à mesma Trindade?

Na verdade, não são palavras sublimes que fazem o homem santo e justo; é a vida virtuosa que o torna agradável a Deus.

Prefiro sentir compunção a saber-lhe a definição.

Se soubesses de cor toda a Bíblia e as sentenças de todos os filósofos, de que te serviria tudo isso sem o amor e a graça de Deus?

"Vaidade das vaidades, tudo é vaidade" (Ecl 1, 2), exceto amar a Deus e só a Ele servir.

A suprema sabedoria consiste em tender o reino dos céus pelo desprezo do mundo.

4. Vaidade é, pois, amontoar riquezas perecíveis e nelas pôr a sua confiança.

Vaidade, é também ambicionar honras e desejar posições de destaque:

Vaidade, seguir os apetites da carne e desejar aquilo pelo que, depois, serás severamente castigado.

Vaidade, desejar longa vida e não cuidar que seja boa.

Vaidade, preocupar-se só com a vida presente e não prever o que há de vir depois.

Vaidade é amar o que tão depressa passa e não demandar pressuroso a felicidade que sempre dura.

5. Lembra-te com freqüência do provérbio: "Os olhos não se fartam de ver, nem os ouvidos de ouvir" (Ecl 1, 8).

Procura, pois, desviar teu coração das coisas visíveis e transportá-lo às invisíveis.

Porque os que seguem a própria sensualidade mancham a consciência e perdem a graça de Deus.

2. O humilde juízo de si mesmo

1. Todo homem tem o desejo natural de saber; mas que vale a ciência sem o temor de Deus?

Por certo, melhor é o camponês humilde que serve a Deus, que o filósofo soberbo que, descuidando a sua alma, observa o curso dos astros.

Quem se conhece bem, despreza-se e não se compraz nos louvores humanos.

Se eu soubesse quanto há no mundo e não tivesse caridade, de que me serviria isso perante Deus, que me há de julgar segundo minha obra?

2. Modera-te no demasiado desejo de saber, porque nele encontrarás muita dissipação e desengano.

Gostam os doutos de se mostrar e ser proclamados sábios.

Muita coisa há, cujo conhecimento pouco ou nada aproveita à alma.

E muito louco é quem se ocupa de coisas que não interessam à salvação.

Muitas palavras não satisfazem à alma, mas uma palavra santa conforta o coração e uma consciência pura inspira grande confiança em Deus.

3. Quanto mais e melhor souberes, tanto mais rigorosamente serás julgado, se com isso não viveres mais santamente.

Não te envaideças, pois, de qualquer arte ou ciência; antes, teme pelos conhecimentos que adquiriste.

Se te parece que sabes e entendes bem muitas coisas, lembra-te que é muito mais o que ignoras.

"Não te ensoberbeças" (Rom 11, 20), antes, confessa a tua ignorância.

Por que te queres antepor aos demais, quando há tantos mais doutos do que tu e mais versados na lei?

Se queres proveitosamente saber e aprender alguma coisa, estima ser ignorado e tido em nenhuma conta.

4. Não há melhor e mais útil estudo que conhecer-se perfeitamente e desprezar-se a si mesmo.

Ter-se por nada e pensar sempre bem e favoravelmente dos outros é prova de grande sabedoria e perfeição.

Ainda quando vires alguém pecar publicamente ou cometer faltas graves, nem por isso te deves julgar melhor, pois não sabes quanto tempo poderás perseverar no bem.

Todos somos fracos, mas não tenhas a ninguém por mais fraco do que tu.

3. Os ensinamentos da verdade

1. Feliz aquele a quem a própria Verdade ensina, não por meio de figuras e palavras, que passam, mas tal qual é.

Nossa razão e nossos sentidos vêem pouco e muitas vezes nos enganam.

De que serve a sutil especulação sobre questões misteriosas e obscuras, de cuja ignorância não seremos argüidos no juízo de Deus?

Grande loucura é descurarmos as coisas úteis e necessárias, entregando-nos, com avidez, às curiosas e nocivas. Em verdade, temos olhos e não vemos.

2. Que se nos dá dos gêneros e das espécies dos filósofos?

Aquele a quem fala o Verbo eterno se desembaraça de muitas questões.

Desse único Verbo procedem todas as coisas, e todas o proclamam; e Ele é o "princípio que também nos fala" (Jo 8, 25).

Sem Ele, ninguém entende ou julga retamente.

Aquele que tudo encontra na Unidade, que tudo refere a esta Unidade, e nela tudo vê, pode ter o coração firme e permanecer em paz no seio de Deus.

Oh! Verdade que sois o mesmo Deus! Fazei-me uma coisa só convosco em caridade perpétua!

Enfada-me, muitas vezes, ler e ouvir tantas coisas; em Vós se encontra tudo quanto quero e desejo!

Calem-se todos os doutores; emudeçam as criaturas todas em vossa presença; falai-me Vós só.

3. Quanto mais alguém se recolher em si mesmo e se tornar simples de coração, tanto mais e maiores coisas entenderá sem esforço, porque do alto recebe a luz da inteligência.

O espírito puro, singelo e constante não se distrai no meio de múltiplas ocupações porque faz tudo para honra de Deus, sem buscar em coisa alguma o seu próprio interesse.

Que mais te embaraça e perturba, do que os teus imortificados afetos do coração?

O homem bom e piedoso dispõe primeiro no seu interior as obras que há de fazer externamente.

Assim elas não o arrastam aos desejos de uma inclinação viciosa, mas ele as submete ao arbítrio da reta razão.

Que mais rude combate haverá do que procurar vencer-se a si mesmo?

Este deverá ser o nosso maior empenho: vencermo-nos a nós mesmos, tornarmo-nos a cada dia mais fortes e fazer algum progresso no bem.

4. Toda perfeição, nesta vida, traz consigo alguma imperfeição; qualquer concepção de nossa mente anda mesclada de alguma sombra.

O humilde conhecimento de ti mesmo é caminho mais certo para Deus que as profundas pesquisas da ciência.

Não é reprovável a ciência ou qualquer outro conhecimento das coisas, pois é boa em si e ordenada por Deus; sempre, porém, devemos preferir a boa consciência e a vida virtuosa.

Muitos, porém, estudam mais para saber, que para bem viver; por isso erram amiúde e pouco ou nenhum fruto colhem.

5. Oh! Se se empregasse tanta diligência em extirpar vícios e implantar virtudes como em agitar questões, não haveria tantos males e escândalos no povo, nem tanta desordem nos mosteiros.

Certamente, no dia do juízo não se nos perguntará o que lemos, mas o que fizemos; nem quão bem temos falado, mas quão honestamente temos vivido.

Dize-me onde estão agora todos aqueles mestres e doutores que bem conheceste quando ainda viviam e floresciam nas escolas? Já outros possuem as suas prebendas e talvez nem deles se lembrem. Quando vivos pareciam alguma coisa, hoje deles nem se fala.

6. Oh! Como passa depressa a glória do mundo!

Oxalá a sua vida tenha correspondido à sua ciência; porque, destarte, terão lido e estudado com proveito.

Quantos, neste mundo, descuidados do serviço de Deus, se perdem por uma ciência vã!

"Esvaeceram em suas cogitações" (Rom 1, 21) porque antes quiseram ser grandes que humildes.

Verdadeiramente grande é aquele que tem grande caridade.

Verdadeiramente grande é quem a seus olhos é pequeno e tem em nenhuma conta as maiores honras.

Verdadeiramente prudente é quem considera "todas as coisas da terra como lodo, para ganhar a Cristo" (Flp 3, 8).

E verdadeiramente sábio aquele que faz a vontade de Deus e renuncia à própria vontade.

4. A prudência nas ações

1. Não se deve dar crédito a qualquer palavra nem obedecer a todo impulso, mas pesar as coisas na presença de Deus com prudência e vagar.

Infelizmente, tanta é a nossa fraqueza que, muitas vezes, aceitamos e dizemos dos outros, com mais facilidade, o mal que o bem!

Os homens perfeitos, porém, não crêem levianamente em tudo o que se lhes conta, pois conhecem a fraqueza humana, inclinada ao mal e leviana no falar.

2. Grande sabedoria é o não agir com precipitação, nem tão pouco se aferrar ao próprio parecer.

Sabedoria é ainda não crer sem discernimento em tudo o que dizem os homens, nem encher os ouvidos alheios do que ouvimos ou acreditamos.

Aconselha-te com varão sábio e consciencioso e procura antes instruir-te com quem é melhor do que tu, que seguir tuas próprias idéias.

A vida virtuosa faz o homem sábio diante de Deus e entendido em muitas coisas.

Quanto mais o homem for humilde e submisso a Deus, tanto maior será a sua sabedoria e serenidade em todas as ações.

5. A leitura das Sagradas Escrituras

1. Nas Sagradas Escrituras deve-se buscar a verdade e não a eloqüência.

Devemos lê-las com o mesmo espírito com que foram escritas.

Nelas devemos buscar a utilidade e não a sutileza de linguagem.

Devemos ler, com igual boa vontade, os livros simples e piedosos como os sublimes e profundos.

Não te preocupes em saber se aquele que escreve é pessoa de nomeada pela sua erudição; seja apenas o amor à verdade que te leve à leitura.

Considera o que diz o livro e não leves em conta quem o escreveu.

2. Os homens passam, "mas a verdade do Senhor permanece eternamente" (Sl 116, 2).

Deus fala-nos de diversas maneiras, sem acepção de pessoas.

Na leitura das Escrituras, prejudica-nos muitas vezes nossa curiosidade, porque pretendemos compreender e discutir o que se devia passar singelamente.

Se queres tirar proveito, lê com humildade, simplicidade e fé, sem aspirares à reputação de sábio.

Interroga de boa vontade e ouve calado as palavras dos santos; nem te desagrade das sentenças dos velhos, porque eles não falam sem razão.

6. As afeições desordenadas

1. Todas às vezes que o homem deseja alguma coisa desordenadamente, torna-se logo inquieto.

O soberbo e o avarento nunca sossegam; entretanto, o pobre e o humilde de espírito vivem em muita paz.

O homem que não é perfeitamente mortificado, facilmente é tentado e vencido, até em coisas pequenas e insignificantes.

O fraco de espírito é ainda um pouco carnal e inclinado às coisas sensíveis, dificilmente pode se desapegar de todo dos desejos terrenos.

E quando deles se priva, ordinariamente se entristece; e com facilidade se irrita se alguém o contradiz.

2. Se, porém, alcança o que deseja, sente logo o remorso da consciência, porque obedeceu à sua paixão, que nada vale para alcançar a paz que almejava.

Em resistir, pois, às paixões, se acha a verdadeira paz do coração, e não em segui-las.

Não há, portanto, paz no coração do homem carnal, nem do homem entregue às coisas exteriores, mas somente no daquele que é fervoroso e espiritual.

7. Deve-se fugir à vã esperança e à soberba

1. Insensato é quem põe sua esperança nos homens ou nas criaturas.

Não te envergonhes de servir aos outros por Jesus Cristo e ser tido como pobre neste mundo.

Não confies em ti mesmo, mas põe em Deus tua esperança.

Faze de tua parte o que puderes, e Deus ajudará tua boa vontade.

Não confies em tua ciência, nem na sagacidade de qualquer vivente, mas antes na graça de Deus, que ajuda os humildes e abate os presunçosos.

2. Se tens riquezas, não te glories delas, nem dos amigos, por serem poderosos; senão em Deus, que dá tudo e, além de tudo, deseja dar-se a Si mesmo.

Não te desvaneças com a robustez ou formosura de teu corpo, que com pequena enfermidade se quebranta e desfigura.

Não te orgulhes de tua habilidade ou de teu talento, para que não desagrades a Deus, de quem é todo bem natural que tiveres.

3. Não te reputes melhor que os outros, para não seres considerado pior por Deus, que conhece tudo que há no homem.

Não te ensoberbeças pelas boas obras, porque os juízos dos homens são muito diferentes dos de Deus, a quem não raro desagrada o que aos homens apraz.

Se em ti houver algum bem, pensa que ainda melhores são os outros, para assim te conservares na humildade.

Nenhum mal te fará te julgares inferior a todos; muito, porém, se a qualquer pessoa te preferires.

De contínua paz goza o humilde; no coração do soberbo, porém, reinam o ciúme e a irritação.

8. Deve-se evitar a excessiva familiaridade

1. "Não abras teu coração a qualquer pessoa" (Ecl 8, 22), mas trata de teus negócios com o sábio e temente a Deus.

Com moços e estranhos conversa pouco.

Não lisonjeies os ricos, nem busques aparecer muito na presença dos poderosos.

Busca a companhia dos humildes e simples, dos devotos e morigerados, e trata com eles de assuntos edificantes.

Não tenhas familiaridade com mulher alguma; mas, em geral, encomenda a Deus todas as que são virtuosas.

Procura intimidade apenas com Deus e seus anjos, e foge de seres conhecido dos homens.

2. Caridade se deve ter para com todos; mas não convém ter com todos familiaridade.

Sucede, não raro, que uma pessoa, de longe, brilha com o esplendor da fama, mas, de perto, desmerece aos olhos dos que a vêem.

Julgamos, às vezes, agradar aos outros com a nossa intimidade, mas antes os aborrecemos com os defeitos que em nós vão descobrindo.

9. Obediência e sujeição

1. Grande coisa é viver na obediência, sob a direção de um superior e não dispor da própria vontade.

Muitos obedecem mais por necessidade que por amor: por isso sofrem e facilmente murmuram.

Esses não alcançarão a liberdade de espírito, enquanto não se sujeitarem de todo o coração, por amor de Deus.

Anda por onde quiseres: não acharás descanso senão na humilde sujeição e obediência ao superior.

A imaginação dos lugares e mudanças a muitos tem iludido.

2. Verdade é que cada um gosta de seguir seu próprio parecer e mais se inclina àqueles que participam da sua opinião.

Entretanto, se Deus está conosco, cumpre-nos, às vezes, renunciar ao nosso parecer por amor da paz.

Quem é tão sábio que possa saber tudo completamente?

Não confies, pois, demasiadamente em teu próprio juízo; mas atende também, de boa mente, ao dos demais.

Se o teu parecer for bom e o deixares, por amor de Deus, para seguires o de outrem, muito lucrarás com isso.

3. Com efeito, muitas vezes ouvi falar que é mais seguro ouvir e tomar conselho que dá-lo.

É bem possível que seja acertado o parecer de cada um: mas não querer ceder aos outros, quando a razão ou as circunstâncias o pedem, é sinal de soberba e obstinação.

10. Deve-se evitar as palavras supérfluas

1. Evita, quanto puderes, o bulício dos homens, porque muito nos perturbam os negócios mundanos, ainda quando tratados com pura intenção.

Bem depressa somos manchados e cativos da vaidade.

Quisera eu ter calado muitas vezes e não ter conversado com os homens.

Por que razão gostamos tanto de falar e conversar, quando, raras vezes, voltamos ao silêncio sem trazer a consciência magoada?

Gostamos tanto de falar, porque pretendemos, com essas conversações, ser consolados uns pelos outros e desejamos aliviar o coração fatigado por preocupações diversas.

E ordinariamente sentimos prazer em falar e pensar, ora nas coisas que muito amamos e desejamos, ora nas que nos contrariam.

2. Mas, infelizmente, muitas vezes é em vão e sem proveito, pois essa consolação exterior é muito prejudicial à consolação interior e divina.

Cumpre, portanto, vigiar e orar, para que não passe o tempo ociosamente.

Quando for permitido ou conveniente falar, fala de coisas edificantes.

O mau costume e o descuido do nosso progresso espiritual concorrem muito para o desenfreamento de nossa língua.

Ajudam muito, porém, ao aproveitamento espiritual os devotos colóquios sobre coisas espirituais, mormente quando se associam em Deus pessoas que pensam e sentem do mesmo modo.

21

11. A conquista da paz e o zelo da perfeição

1. Muita paz poderíamos gozar, se não nos quiséssemos ocupar com os ditos e fatos alheios que não pertencem ao nosso cuidado.

Como pode ficar em paz por muito tempo aquele que se intromete em negócios alheios, que busca relações exteriores, que raras vezes e mal se recolhe interiormente?

Bem-aventurados os simples, porque hão de ter muita paz!

2. Por que muitos santos foram tão perfeitos e contemplativos?

É que eles procuraram mortificar-se inteiramente em todos os desejos terrenos e assim puderam, no íntimo de seu coração, unir-se a Deus e atender livremente a si mesmos.

Nós, porém, nos ocupamos demasiadamente das próprias paixões e cuidados excessivos às coisas transitórias.

Raro é vencermos sequer um vício perfeitamente; não nos inflamamos no desejo de progredir cada dia: daí a frieza e tibieza em que ficamos.

3. Se estivéssemos perfeitamente mortos a nós mesmos e interiormente desimpedidos, poderíamos criar gosto pelas coisas divinas e algo experimentar das doçuras da celeste contemplação.

O que principalmente e mais nos impede é o não estarmos ainda livres das nossas paixões e concupiscência, nem nos esforçarmos por trilhar o caminho perfeito dos santos.

Basta pequeno contratempo para desalentarmos completamente e voltarmos a procurar consolações humanas.

4. Se nos esforçássemos por ficar firmes no combate, como soldados valentes, por certo veríamos descer sobre nós o socorro de Deus.

Porque pronto está Ele a socorrer aos que pelejam e em sua graça confiam; pois Ele mesmo nos proporciona ocasiões de combate, para que alcancemos a vitória.

Se fizermos consistir nosso aproveitamento espiritual tão-somente nas observâncias exteriores, nossa devoção será de curta duração.

Ponhamos o machado à raiz, para que, livres das paixões, alcancemos a paz interior.

5. Custoso é deixar nossos costumes: mais custoso, porém, contrariar a própria vontade.

Mas, se não vences obstáculos pequenos e fáceis, como triunfarás dos maiores?

Resiste no princípio à tua inclinação e rompe com o mau costume, para que te não metas pouco a pouco em maiores dificuldades.

Se bem considerasses quanta paz gostarias e quanto prazer darias aos outros, se vivesses bem, de certo cuidarias mais do teu adiantamento espiritual.

12. A utilidade das adversidades

1. Bom é passarmos algumas vezes por aflições e contrariedades, porque freqüentemente fazem o homem refletir, lembrando-lhe que vive no desterro e, portanto, não deve pôr sua esperança em coisa alguma do mundo.

Bom é encontrarmos às vezes contradições, e que de nós façam conceito mau ou pouco favorável, ainda quando nossas obras e intenções sejam boas.

Isso ordinariamente nos conduz à humildade e nos preserva da vanglória.

Porque, então, mais depressa recorremos ao testemunho interior de Deus, quando de fora somos vilipendiados e desacreditados pelos homens.

2. Por isso, devia o homem firmar-se de tal modo em Deus, que lhe não fosse mais necessário mendigar consolações às criaturas.

Estando o homem de boa vontade atribulado ou tentado, ou molestado por maus pensamentos, sente logo melhor a necessidade que tem de Deus, sem o qual não pode fazer bem algum.

Entristece-se então, geme e chora pelas misérias que padece.

Pesa-lhe, também, o viver mais tempo, e deseja que venha a morte levá-lo do corpo e uni-lo a Cristo.

Então compreende ainda que neste mundo não pode haver perfeita segurança nem paz completa.

13. A resistência às tentações

1. Enquanto vivemos neste mundo, não podemos estar sem trabalho e tentações.

Por isso está escrito no livro de Jó: "Não tem o homem uma tarefa sobre a terra, não são os seus dias como os de um mercenário?" (Jó 7, 1).

Deve, pois, cada qual estar sempre alerta sobre as tentações que o assaltam e vigiar e orar para que o não surpreenda o demônio, que não dorme e "rodeia-vos como leão que ruge, à procura de quem devorar" (1 Pdr 5, 8).

Ninguém há tão perfeito e santo que, de quando em quando, não tenha tentação, e não podemos ser delas totalmente isentos.

2. As tentações, porém, ainda que molestas e graves, são muitas vezes de grande utilidade para o homem, porque nelas se adquire humildade, pureza e experiência.

Todos os santos passaram por muitas tentações e tribulações e com elas aproveitaram; os que não puderam resistir-lhes foram reprovados e perderam-se.

Não há Ordem religiosa tão santa nem lugar tão retirado onde não haja tentações e adversidades.

3. Enquanto viver, nenhum homem estará inteiramente ao abrigo das tentações; porque, nascidos na concupiscência, em nós está a causa pela qual somos tentados.

Mal acaba uma tentação ou tribulação, outra sobrevêm e sempre teremos de sofrer, porque perdemos o dom da primitiva felicidade.

Muitos procuram fugir às tentações e nelas caem mais gravemente.

Não basta a fuga para vencê-las; é pela paciência e verdadeira humildade que nos tornamos mais fortes que todos os nossos inimigos.

4. Pouco adianta quem somente evita as ocasiões exteriores, sem arrancar as raízes; antes lhe voltarão mais depressa as tentações e se achará pior.

Vencê-las-á melhor com o auxílio de Deus, pouco a pouco com paciência e resignação, que com importuna violência e esforço próprio.

Toma amiúde conselho na tentação e não sejas desabrido e áspero para o que é tentado; trata antes de o consolar, como desejas ser consolado.

5. A causa de todas as tentações perigosas é a inconstância e a falta de confiança em Deus; assim como o navio sem leme é joguete das ondas, assim o homem remisso e pouco firme nos seus propósitos é agitado por toda sorte de tentações.

O ferro é provado pelo fogo, e o justo, pela tentação.

Ignoramos muitas vezes o que valemos e a tentação faz-nos ver o que somos.

Todavia, devemos vigiar, principalmente no princípio da tentação; porque mais fácil nos será vencer o inimigo, quando não o deixamos entrar na alma, enfrentando-o logo que bater no limiar.

Por isso disse alguém: "Atalha no princípio; tarde chega o

remédio se o mal, por longo tempo, fundas raízes lançou" (Ovídio, *De Remediis* 2, 91).

Porque primeiro ocorre à mente um simples pensamento, donde nasce a importuna imaginação, depois o deleite, o movimento; e assim, pouco a pouco, entra de todo na alma o malvado inimigo, porque se não resistiu a princípio.

E quanto mais alguém for indolente em lhe resistir, tanto mais fraco se tornará a cada dia, e mais forte o seu adversário.

6. Uns padecem tentações mais violentas no início de sua conversão, outros, no fim; alguns, porém, são atormentados quase toda a vida.

Alguns são tentados brandamente, segundo a sabedoria da divina Providência, que pondera as circunstâncias e o merecimento dos homens e tudo predispõe para a salvação de seus eleitos.

7. Por isso, não devemos perder a confiança quando somos tentados, antes pedir a Deus com mais fervor que se digne a ajudar-nos na tribulação, Ele que, segundo a palavra de São Paulo, "com a tentação vos há de também providenciar o meio de sair-vos bem dela, dando-vos o poder para suportá-la" (1 Cor 10, 13).

Humilhemos, portanto, nossas almas, debaixo da mão de Deus, em qualquer tentação e tribulação, porque ele há de salvar e engrandecer os que são humildes de coração.

8. Nas tentações e adversidades se vê o quanto cada um tem aproveitado; nelas consiste o maior merecimento e se patenteia melhor a virtude.

Não é lá grande coisa ser o homem devoto e fervoroso quando tudo lhe corre bem; mas, se no tempo da adversidade conserva a paciência, pode-se esperar grande progresso.

Algumas há que vence nas grandes tentações e, nas pequenas, caem freqüentemente, para que, humilhados, não presumam de si grandes coisas, visto que com tão pequenas sucumbem.

14. Deve-se evitar o juízo temerário

1. Volta os olhos para ti mesmo e guarda-te de julgar as ações alheias.

Quem julga os outros trabalha em vão, erra o mais das vezes e facilmente peca; mas, examinando-se e julgando-se a si mesmo, trabalha sempre com proveito.

De ordinário, julgamos as coisas segundo a inclinação do nosso coração, pois o amor-próprio facilmente nos altera a retidão do juízo.

Se Deus fosse sempre o único objeto de nossos desejos, não nos perturbaríamos tão depressa quando contrariam a nossa vontade.

2. Muitas vezes existe, dentro ou fora de nós, alguma coisa que nos atrai e em nós influi.

Muitos buscam secretamente a si mesmos em suas ações e não o percebem.

Parecem até gozar de boa paz, enquanto as coisas correm à medida de seus desejos; mas, se de outra sorte sucede, logo se inquietam e entristecem.

Da discrepância de pareceres e opiniões freqüentemente nascem discórdias entre amigos e vizinhos, entre religiosos e pessoas piedosas.

3. É custoso perder um costume inveterado, e ninguém renuncia, de boa mente, a seu modo de ver.

Se mais confias em tua razão e talento que na graça de Jesus Cristo, só raras vezes e tarde serás iluminado; pois Deus quer que nos sujeitemos perfeitamente a Ele e que nos elevemos acima de toda razão humana, inflamados do seu amor.

15. As obras que procedem da caridade

1. Por nenhuma coisa do mundo, nem por amor de pessoa alguma, se deve praticar qualquer mal; mas, em prol de algum necessitado, pode-se, às vezes, omitir uma boa obra, ou trocá-la por outra melhor.

Desta sorte, a boa obra não se perde, mas se converte em outra melhor.

Sem a caridade, nada vale a obra exterior; tudo, porém, que da caridade procede, por insignificante e desprezível que seja, produz abundantes frutos, porque Deus não atende tanto à obra, como à intenção com que a fazemos.

2. Muito faz aquele que muito ama.

Muito faz quem faz o bem no que faz.

Bem faz quem serve mais ao bem comum que à sua própria vontade.

Muitas vezes parece caridade o que é mero amor-próprio, porque raras vezes nos deixam a inclinação natural, a própria vontade, a esperança da recompensa, o nosso interesse.

3. Aquele que tem verdadeira e perfeita caridade em nada se busca a si mesmo, mas deseja que tudo se faça para a glória de Deus.

De ninguém tem inveja, porque não deseja proveito algum pessoal, nem busca sua felicidade em si, mas procura sobre todas as coisas ter alegria e felicidade em Deus.

Não atribui bem algum à criatura, mas refere tudo a Deus, como à fonte de que tudo procede, e em que, como em fim último, acham todos os santos o deleitoso repousar.

Oh! Quem tivesse só uma centelha de verdadeira caridade logo compreenderia a vaidade de todas as coisas terrenas!

16. A tolerância com os defeitos alheios

1. Aquilo que o homem não pode emendar em si mesmo ou nos demais, deve ele tolerar com paciência, até que Deus disponha de outro modo.

Considera que talvez seja melhor assim, para provar tua paciência, sem a qual não têm grande valor nossos méritos.

Todavia, convém, nesses embaraços, pedir a Deus que te auxilie, para que os possas levar com seriedade.

2. Se alguém, com uma ou duas advertências, não se emendar, não contendas com ele; mas encomenda tudo a Deus para que seja feita a sua vontade e seja ele honrado em todos os seus servos, pois sabe tirar bem do mal.

Procura sofrer com paciência os defeitos e quaisquer imperfeições dos outros, pois tens também muitas que os outros têm de aturar.

Se não te podes modificar como desejas, como pretendes ajeitar os outros na medida de teus desejos?

Muito desejamos que os outros sejam perfeitos e nem por isso emendamos as nossas faltas.

3. Queremos que os outros sejam corrigidos com rigor e nós não queremos ser repreendidos.

Estranhamos a larga liberdade dos outros e não queremos sofrer recusa alguma.

Queremos que os outros sejam apertados por estatutos e não toleramos nenhum constrangimento que nos coíba.

Donde claramente se vê quão raras vezes tratamos o próximo como a nós mesmos.

Se todos fôssem perfeitos, que teríamos então de sofrer nós mesmos por amor de Deus?

4. Ora, Deus assim dispôs para que aprendamos a carregar uns o

fardo dos outros; porque ninguém há sem defeito; ninguém sem carga; ninguém com força e juízo bastante para si; mas cumpre que uns aos outros nos suportemos, consolemos, auxiliemos, instruamos e aconselhamos.

Quanta virtude cada um possui, melhor se manifesta na ocasião da adversidade; pois as ocasiões não fazem o homem fraco, mas revelam o que ele é.

17. A vida monástica

1. Aprende a abnegar-te em muitas coisas, se queres ter paz e concórdia com os outros.

Não é pouco habitar em mosteiros ou congregações religiosas, viver ali sem queixas e perseverar fielmente até à morte.

Bem-aventurado é aquele que aí vive bem e termina a vida com um fim abençoado!

Se queres permanecer firme e fazer progressos, considera-te como desterrado e peregrino sobre a terra.

Convém fazer-te louco por amor de Cristo, se quiseres seguir a vida religiosa.

2. De pouca monta são o hábito e a tonsura: são a mudança dos costumes e a perfeita mortificação das paixões que fazem o verdadeiro religioso.

Quem outra coisa procura senão somente a Deus e a salvação de sua alma, só achará tribulações e angústias.

Não pode ficar por muito tempo em paz quem não procura ser o menor e o mais submisso de todos.

3. Para servir vieste, não para mandar; lembra-te que foste chamado para trabalhar e sofrer e não para folgar e conversar.

Aqui, pois, se provam os homens, à semelhança do ouro na fornalha.

Aqui, ninguém perseverará, se não quiser humilhar-se, de todo o coração, por amor de Deus.

18. Os exemplos dos Santos Padres

1. Contempla os salutares exemplos dos Santos Padres, nos quais brilhou a verdadeira perfeição religiosa, e verás quão pouco ou quase nada é o que fazemos.

Ah! Que é a nossa vida em comparação com a deles?

Os santos e amigos de Cristo serviram ao Senhor em fome e sede, em frio e nudez, em trabalho e fadiga, em vigílias e jejuns, em orações e santas meditações, em perseguições e muitos opróbrios.

2. Oh! Quantas e quão graves tribulações sofreram os apóstolos, os mártires, os confessores, as virgens e todos quantos quiseram seguir as pisadas de Cristo!

Odiaram suas almas neste mundo, para possuí-las eternamente no outro.

Oh! Que vida austera e mortificada levaram os Santos Padres no deserto!

Que contínuas e graves tentações suportaram!

Quantas vezes foram atormentados pelo inimigo!

Quantas orações fervorosas ofereceram a Deus!

Que rigorosas abstinências praticaram!

Que zelo e fervor tiveram em seu adiantamento espiritual!

Que guerra fizeram para subjugar os vícios!

Com que pura e reta intenção buscaram a Deus!

Durante o dia trabalhavam e passavam as noites em orações, ainda que trabalhando não interrompessem um momento a oração mental.

3. Todo o tempo empregavam utilmente; toda hora lhes parecia breve, convivida com Deus; e pela grande doçura das contemplações se esqueciam até da necessária refeição do corpo.

Renunciavam a todas as riquezas, dignidades, honras, amigos e parentes; nada queriam do mundo; apenas tornavam o indispensável para a vida e só com pesar satisfaziam as exigências da natureza.

Assim eram pobres nos bens terrenos, mas muito ricos de graças e virtudes.

Exteriormente lhes faltava tudo; interiormente, porém, se deliciavam com graças e consolações divinas.

4. Ao mundo eram estranhos, mas íntimos e familiares amigos de Deus.

A si mesmos tinham em conta de nada, e o mundo os desprezava; mas eram preciosos e queridos aos olhos de Deus.

Mantinham-se na verdadeira humildade, viviam em singela obediência, andavam em caridade e paciência; assim, cada dia faziam progresso na vida espiritual e mais a Deus agradavam.

Esses foram dados por modelos a todos os religiosos e mais nos devem estimular ao progresso espiritual, do que a multidão dos títulos ao esmorecimento.

5. Oh! Quão grande foi o fervor de todos os religiosos, nos primeiros tempos de seus santos institutos!

Quanta piedade na oração!

Que emulação nas virtudes!

Que austera disciplina vigorava então!

Que respeito e obediência aos preceitos do superior reluzia em todos!

Os vestígios que deixaram ainda atestam que foram verdadeiramente varões santos e perfeitos os que em tão renhidos combates venceram o mundo.

Hoje já se considera grande quem não é transgressor da regra e com paciência suporta o jugo que se impôs.

6. Ó tibieza e desleixo do nosso estado, que tão depressa declinamos do fervor primitivo e já nos causa tédio o viver, por tanta negligência e frouxidão!

Oxalá em ti não entorpeça de todo o desejo de progredir nas virtudes, já que tantos modelos viste de perfeição!

19. Os exercícios do bom religioso

1. A vida do bom religioso deve ser ornada de todas as virtudes, para que corresponda o interior ao que por fora vêem os homens; e com razão, ainda mais perfeito deve ser no interior do que por fora parece, pois lá penetra o olhar perscrutador de Deus, a quem devemos suma reverência, em qualquer lugar onde estivermos, e em cuja presença cumpre andar com pureza angélica.

Cada dia devemos renovar nosso propósito e exercitar-nos com o maior fervor, como se esse fosse o primeiro dia de nossa conversão, dizendo:

"Confortai-me, Senhor, meu Deus, no bom propósito e em vosso santo serviço; concedei-me começar hoje deveras, pois nada é o que até aqui tenho feito".

2. A medida da nossa resolução será nosso progresso, e uma grande solicitude exige o sério aproveitamento.

Se aquele que toma enérgicas resoluções tantas vezes cai, que será daquele que as toma raramente ou menos firmemente propõe?

Sucede, porém, de vários modos deixarmos o nosso propósito; e raras vezes passa sem dano qualquer leve missão de nossos exercícios.

O propósito dos justos mais se firma na graça de Deus, que em sua própria sabedoria; nela confiam sempre, em qualquer empreendimento.

Porque o homem propõe, mas Deus dispõe "e não estão nas mãos do homem os seus caminhos" (Jer 10, 23).

3. Quando, por motivo de piedade ou proveito do próximo, se deixa alguma vez o costumado exercício, fácil é reparar depois essa falta; omiti-lo, porém, facilmente, por enfadado ou negligência, já é bastante culpável, e sentir-se-á o prejuízo.

Esforcemo-nos quanto pudermos, ainda assim cairemos em muitas faltas; contudo, devemos sempre fazer um propósito determinado, mormente contra os principais obstáculos do nosso progresso espiritual.

Devemos examinar e ordenar tanto o interior como o exterior, porque ambos importam ao nosso aproveitamento.

4. Se não podes continuamente estar recolhido, recolhe-te de vez em quando, ao menos uma vez por dia, pela manhã ou à noite.

De manhã toma resoluções e à noite examina tuas ações: como te houveste hoje em palavras, obras e pensamentos, porque nisso, talvez não raro, tenhas ofendido a Deus e ao próximo.

Arma-te varonilmente contra as maldades do demônio; refreia a gula, e facilmente refrearás todo apetite carnal.

Nunca estejas de todo desocupado, mas lê ou escreve ou reza ou medita ou faze alguma coisa de proveito comum.

Nos exercícios corporais, porém, haja toda discrição, porque não convêm igualmente a todos.

5. Os exercícios pessoais não se devem fazer publicamente, mais seguro é praticá-los secretamente.

Guarda-te de ser negligente nos exercícios da regra e mais diligente nos particulares; mas, satisfeitas inteira e fielmente as coisas de obrigação e preceito, se tempo sobrar, ocupa-te em exercícios, conforme te inspirar a tua devoção.

Nem todos podem ter o mesmo exercício; um convém mais a este, outro àquele.

Até do tempo depende a conveniência e o atrativo das práticas; porque umas são mais apropriadas para os dias festivos, outras para os dias comuns; de umas precisamos para o tempo de tentação, de outras no tempo de paz e sossego.

Em certas coisas gostamos de meditar quando estamos tristes e noutras quando estamos alegres no Senhor.

6. À volta das festas principais devemos renovar os nossos bons exercícios e com mais fervor implorar a intercessão dos santos.

De uma para outra festividade devemos preparar-nos, como se então houvéssemos de sair deste mundo e chegar à festividade eterna.

Por isso, devemos aparelhar-nos diligentemente, nos tempos de devoção, com vida mais piedosa e observância mais fiel de todas as regras, como se houvéssemos de receber em breve o galardão do nosso trabalho.

7. E se for adiada essa hora, tenhamos por certo que não estamos ainda bem preparados nem dignos de tamanha glória que, a seu tempo, se revelará em nós, e tratemos de nos preparar para a morte.

"Bem-aventurado o servo — diz o evangelista São Lucas —, a quem o Senhor, quando vier, encontrar vigilante; em verdade vos digo que o constituirá sobre todos os seus bens" (Lc 12, 37; Mt 24, 47).

20. O amor à solidão e ao silêncio

1. Procura tempo oportuno para cuidar de ti e relembra amiúde os benefícios de Deus.

Renuncia às curiosidades e escolhe leituras tais, que mais sirvam para te compungir que para te distrair.

Se te abstiveres de conversações supérfluas e passeios ociosos, como também de ouvir novidades e boatos, acharás tempo suficiente e adequado para te entregares a santas meditações.

Os maiores santos evitavam, quando podiam, a companhia dos homens, preferindo viver com Deus, em retiro.

2. Disse alguém: "Quantas vezes estive entre homens, volvi menos homem" (Sêneca, *Epist.* 7).

Isso experimentamos muitas vezes, quando falamos muito.

Mais fácil é calar de todo do que não tropeçar em alguma palavra.

Mais fácil é ficar oculto em casa, que fora dela ter a necessária cautela.

Quem, pois, pretende chegar à vida interior e espiritual, importa-lhe que se afaste da turba, com Jesus.

Ninguém, sem perigo, se mostra em público, senão quem gosta de esconder-se.

Ninguém seguramente fala, senão quem gosta de calar.

Ninguém seguramente manda, senão o que perfeitamente aprendeu a obedecer.

3. Não pode haver alegria segura sem o testemunho de boa consciência.

Contudo, a segurança dos santos estava sempre misturada com o temor de Deus; nem eram menos cuidadosos e humildes em si mesmos, porque resplandeciam em grandes virtudes e graças.

A segurança dos maus, porém, nasce da soberba e presunção, e acaba por enganar-se a si mesma.

Nunca te dês por seguro nesta vida, ainda que pareças bom religioso ou devoto ermitão.

4. Muitas vezes, os melhores no conceito dos homens correram graves perigos, por sua demasiada confiança.

Por isso, para muitos é melhor não serem de todo livres de tentações, mas que sejam freqüentemente combatidos, para que não confiem demasiadamente em si, nem se exaltem com soberba, nem tampouco busquem com ânsia as consolações exteriores.

Oh! Quem nunca buscasse alegria transitória, nem deste mundo cuidasse, que consciência pura teria!

Oh! Quem arredasse todo vão cuidado para só cuidar das coisas salutares e divinas, pondo toda a sua confiança em Deus, de que grande paz e sossego gozaria!

5. Ninguém é digno da consolação celestial, senão quem se excitar, com diligência, na santa compunção.

Se queres compungir-te de coração, entra em teu quarto, despede todo o bulício do mundo, conforme está escrito: "Compungi-vos em vossos cubículos" (Sl 4, 5).

Na cela acharás o que fora dela muitas vezes perdes.

A cela bem guardada causa doçura e pouco freqüentada gera enfado.

Se bem a guardares e habitares no princípio de tua conversão, ser-te-á depois querida companheira e suavíssimo consolo.

6. No silêncio e sossego faz progressos uma alma devota e aprende os segredos das Escrituras.

Ali ela acha a fonte de lágrimas, com que todas as noites se lava e purifica, para tanto mais de perto unir-se ao Criador quanto mais retirada viver do tumulto do mundo.

Aquele, pois, que se aparta de seus amigos e conhecidos verá aproximar-se Deus com seus santos anjos.

Melhor é estar solitário e tratar de sua alma, que, descurando-a, fazer milagres.

Merece louvor o religioso que raro sai, que foge de ser visto pelos homens e nem procura vê-los.

7. Para que queres ver o que não te é lícito possuir? "Passa o mundo e sua concupiscência" (1 Jo 2, 17).

A inclinação sensual convida a passeios; passada, porém, aquela hora, que nos fica senão consciência pesada e coração distraído? À saída alegre, muitas vezes sucede um regresso triste, e à véspera deleitosa, uma triste manhã.

Assim, todo gosto carnal entra suavemente; no fim, porém, remorde e mata.

Que poderás ver alhures que aqui não vejas? Eis aí o céu e a terra e todos os elementos; deles foram feitas todas as coisas.

8. Que poderás ver, em alguma parte, estável debaixo do sol por muito tempo?

Pensas talvez satisfazer-te plenamente, mas não o conseguirás. Se visses diante de ti todas as coisas, que seria senão vã fantasia? Levanta os olhos a Deus nas alturas e pede perdão de teus pecados e negligências.

Deixa as vaidades para os fúteis; tu, porém, atende ao que Deus te manda.

Fecha atrás de ti a porta e chama a teu Jesus amado.

Fecha-te com ele em tua cela, porque tanta paz em outra parte não acharás.

Se não tivesses saído e escutado os rumores do mundo, melhor terias conservado a santa paz; enquanto folgares de ouvir novidades, terás de sofrer desassossego do coração.

21. A compunção do coração

1. Se queres fazer algum progresso, conserta-te no temor de Deus e não busques demasiada liberdade; refreia, antes, todos os teus sentidos com a disciplina e não te entregues à vã alegria.

Procura a compunção do coração e acharás a devoção.

A compunção descobre tesouros, que a dissipação bem depressa costuma desperdiçar.

É de estranhar que o homem jamais possa, nesta vida, gozar perfeita alegria, se considera seu exílio e pondera os muitos perigos de sua alma.

2. Pela leviandade do coração e pelo descuido dos nossos defeitos não percebemos os males de nossa alma; e muitas vezes, rimo-nos frivolamente, quando, com razão, devíamos chorar.

Não há verdadeira liberdade nem perfeita alegria, sem o temor de Deus e boa consciência.

Ditoso aquele que pode apartar de si todo o estorvo das distrações e recolher-se com santa compunção.

Ditoso aquele que rejeita tudo o que lhe possa manchar ou agravar a consciência.

Peleja varonilmente: um costume com outro se vence.

3. Se souberes deixar os homens, eles te deixarão fazer tuas boas obras.

Não te metas em coisas alheias, nem te impliques nos negócios grandes.

Olha sempre primeiro para ti e admoesta-te com mais particularidade que a todos os teus amigos.

Não te entristeça a falta dos humanos favores, mas penalize-te o não viveres com tanta cautela e prudência como convém a um servo de Deus e devoto religioso.

Mais útil e mais seguro é para o homem não ter nesta vida muitas consolações, mormente, sensíveis.

Todavia, se não temos, ou raramente sentimos o consolo divino, a culpa é nossa, porque não procuramos a compunção do coração, nem rejeitamos de todo as vãs consolações exteriores.

4. Reconhece que és indigno da consolação divina, mas antes merecedor de muitas aflições.

Quando um homem está perfeitamente compungido, logo se lhe torna enfadonho e amargo o mundo todo.

O homem justo sempre acha bastante matéria para afligir-se e chorar.

Pois, quer olhe para si, quer para o próximo, sabe que ninguém passa esta vida sem tribulações.

E quanto mais atentamente se considera, tanto mais profunda é a sua dor.

Matéria de justa mágoa e profundo pesar são nossos pecados e vícios, aos quais de tal sorte estamos presos, que raras vezes podemos contemplar as coisas do céu.

5. Se mais amiúdo pensasses na morte que numa vida de muitos anos, não há dúvida que tua emenda seria mais fervorosa.

Se também meditasses seriamente nas penas futuras do inferno ou do purgatório, creio que sofrerias de bom grado trabalhos e dores, sem recear nenhuma austeridade.

Mas, como essas coisas não nos penetram o coração e amamos ainda os regalos, ficamos frios e muito tíbios.

6. É muitas vezes pela fraqueza do espírito que este miserável corpo se queixa tão facilmente.

Pede, pois, humildemente, ao Senhor que te dê o espírito de compunção, e dize, com o profeta: "Alimenta-me, Senhor, com o pão das lágrimas, e dá-me a beber em abundância a água de meu pranto" (Sl 79, 6).

22. A consideração da miséria humana

1. Miserável serás, onde quer que estejas e para onde quer que te voltes, se não te voltares para Deus.

Por que te afliges, quando não te correm as coisas a teu gosto e vontade? Quem é que tem tudo à medida de seu desejo? Nem eu, nem tu, nem homem algum sobre a terra.

Ninguém há no mundo sem nenhuma tribulação ou angústia, quer seja rei, quer papa.

Quem é que vive mais feliz? Aquele, de certo, que sabe sofrer alguma coisa por Deus.

2. Dizem muitos mesquinhos e tíbios: "Olhai que boa vida tem esse homem; quão rico é, quão grande e poderoso, de que alta posição!"

Olha tu para os bens do céu, e verás que nada são os bens temporais, mas muito incertos e onerosos, pois nunca vive sem temor e cuidado quem os possui.

Não consiste a felicidade do homem na abundância dos bens temporais; basta-lhe a mediania.

O viver na terra é verdadeira miséria.

Quanto mais espiritual quer ser o homem, mais amarga lhe será a vida presente, porque conhece melhor e mais claramente vê os defeitos da humana corrupção.

Porque o comer, beber, velar, dormir, descansar, trabalhar e estar sujeito a todas as demais necessidades da natureza é tudo, na verdade, grande miséria e aflição para o homem espiritual que deseja estar isento disso e livre de todo pecado.

3. Sim, muito oprimido se sente o homem interior com as necessidades corporais neste mundo.

Por isso roga o profeta a Deus, devotamente, que o livre delas, dizendo: "Livrai-me, Senhor, das minhas necessidades" (Sl 24, 17).

Mas ai daqueles que não conhecem a sua miséria e, outra vez, ai daqueles que amam esta miserável e corruptível vida!

Porque há alguns tão apegados a ela — posto que mal arranjem o necessário com o trabalho ou com a esmola — que, se pudessem viver aqui sempre, nada se lhes daria do reino de Deus.

4. Ó insensatos e duros de coração, que tão profundamente jazem apegados à terra, que não gostam senão das coisas carnais.

Infelizes, sentirão no fim, para sua desgraça, a vileza e o nada de tudo quanto amaram.

Os santos de Deus e todos os fiéis amigos de Cristo não tinham em conta o que agradava à carne nem o que neste mundo brilhava, mas toda a sua esperança e intenção se fixavam nos bens eternos.

Todo o seu desejo se elevava para as coisas invisíveis e perenes, para que o amor do visível não arrastasse a desejar as coisas inferiores.

Não percas, irmão meu, a confiança de fazer progressos na vida espiritual; ainda tens tempo e ocasião.

5. Por que queres adiar tua resolução? Levanta-te, começa já e dize: "Agora é tempo de agir, agora é tempo de pelejar, agora é tempo próprio para me emendar".

Quando estás atribulado e aflito, é tempo de merecer.

É preciso "passares por fogo e por água antes de chegares ao refrigério" (Sl 65, 12).

Se não te fizeres violência, não vencerás os vícios.

Enquanto estamos neste frágil corpo, não podemos estar sem pecado, nem viver sem enfado e dor.

Bem quiséramos descanso de toda miséria; mas como pelo pecado perdemos a inocência, perdemos também a verdadeira felicidade.

Por isso, devemos ter paciência e confiar na divina misericórdia, "até que passe esta iniqüidade (Sl 52, 6) e o que é imortal seja absorvido pela vida" (2 Cor 5, 4).

6. Como é grande a fragilidade humana, inclinada sempre ao mal!

Hoje confessas os teus pecados e amanhã cometes outra vez os mesmos que confessaste.

Resolves agora acautelar-te e daqui a uma hora te portas como quem nada se propôs.

Com muita razão nos devemos humilhar e não nos ter em grande conta, já que tão frágeis somos e tão inconstantes.

Assim, facilmente se pode perder pela negligência o que tanto nos custou a adquirir com a divina graça.

7. Que será de nós no fim, se já tão cedo somos tíbios?

Ai de nós, se assim procuramos repouso, como se já estivéssemos em paz e segurança, quando nem sinal aparece em nossa vida de verdadeira santidade.

Bem necessário nos fora que nos instruíssemos de novo, como bons noviços, nos bons costumes; talvez que assim houvesse esperança de alguma emenda futura e maior progresso espiritual.

23. A meditação da morte

1. Mui depressa chegará teu fim neste mundo; vê, pois, como te preparas. Hoje está vivo o homem e amanhã já não existe.

Entretanto, logo que se perdeu de vista, também se perderá da memória.

Ó cegueira e dureza do coração humano, que só cuida do presente, sem olhar para o futuro!

De tal modo te deves haver em todas as tuas obras e pensamentos, como se fosse já a hora da morte.

Se tivesses boa consciência não temerias muito a morte.

Melhor fora evitar o pecado que fugir da morte.

Se não estás preparado hoje, como o estarás amanhã?

O dia de amanhã é incerto, e quem sabe se te será concedido?

2. Que nos aproveita vivermos muito tempo, quando tão pouco nos emendamos?

Oh! Nem sempre traz emenda a longa vida, senão que aumenta, muitas vezes, a culpa.

Oxalá tivéssemos, um dia sequer, vivido bem neste mundo!

Muitos contam os anos decorridos desde a sua conversão, freqüentemente, porém, é pouco o fruto da emenda.

Se é tanto para temer o morrer, talvez seja ainda mais perigoso o viver muito.

Bem-aventurado aquele que medita sempre sobre a hora da morte e para ela se dispõe a cada dia.

Se já viste alguém morrer, reflete que também tu passarás pelo mesmo caminho.

3. Pela manhã, pensa que não chegarás à noite, e à noite não te prometas o dia seguinte.

Por isso, anda sempre preparado e vive de tal modo que te não encontre a morte desprevenido.

Muitos morrem repentina e inesperadamente; "pois na hora em que menos se pensa, virá o Filho do Homem" (Lc 12, 40).

Quando vier aquela hora derradeira, começarás a julgar mui diferentemente toda a tua vida passada e doer-te-á muito teres sido tão negligente e remisso.

4. Quão feliz e prudente é aquele que procura ser em vida como deseja que o ache a morte.

Pois o que dará grande confiança de morte abençoada é o perfeito desprezo do mundo, o desejo ardente do progresso na virtude, o amor à disciplina, o rigor na penitência, a prontidão na obediência, a renúncia de si mesmo e a paciência em sofrer, por amor de Cristo, qualquer adversidade.

Mui fácil é praticar o bem enquanto estás são; mas, quando enfermo, não sei o que poderás.

Poucos melhoram com a enfermidade; raro também se sacrificam os que andam em muitas peregrinações.

5. Não confies em parentes e amigos, nem proteles para mais tarde o negócio de tua salvação, porque mais depressa do que pensas te esquecerão os homens.

Melhor é providenciar agora e fazer algo de bem, do que esperar pelo socorro dos outros.

Se não cuidas de ti no presente, quem cuidará de ti no futuro?

Mui precioso é o tempo presente: "agora são os dias de salvação, agora é o tempo favorável" (2 Cor 6, 2).

Mas, que pena não o empregares melhor, podendo nele merecer a vida eterna!

Tempo virá de desejares, um dia, uma hora sequer, para a tua emenda, e não sei se a alcançarás.

6. Olha, meu caro irmão, de quantos perigos te poderias livrar e de quantos terrores fugir, se sempre andasses temeroso e desconfiado da morte.

Procura agora de tal modo viver, que na hora da morte te possas antes alegrar que temer.

Aprende agora a desprezar tudo, para então poderes voar livremente a Cristo. Castiga agora teu corpo pela penitência, para que possas então ter legítima confiança.

7. Ó louco, que pensas viver muito tempo, quando não tens seguro nem um só dia!

Quantos têm sido logrados e, de improviso, arrancados ao corpo!

Quantas vezes ouviste contar: morreu este a espada; afogou-se aquele; este outro, caindo do alto, quebrou a cabeça; um morreu comendo, outro expirou jogando; estes se terminaram pelo fogo;

aqueles pelo ferro; uns pela peste, outros pelas mãos dos ladrões, e de todos é o fim a morte, e, "depressa, qual sombra, acaba a vida do homem" (Sl 143, 4).

8. Quem se lembrará de ti depois da morte? E quem rezará por ti? Faze já, irmão caríssimo, tudo quanto puderes; pois não sabes quando morrerás nem o que te sucederá depois da morte.

Enquanto tens tempo, ajunta riquezas imortais.

Só cuida em tua salvação, ocupa-te só nas coisas de Deus.

Granjeia agora amigos, venerando os santos de Deus e imitando suas obras, para que, ao saíres desta vida, "te recebam nas eternas moradas" (Lc 16, 9).

9. Considera-te como hóspede e peregrino neste mundo, como se nada tivesses com os negócios da terra.

Conserva livre teu coração, e erguido a Deus, porque não tens aqui morada permanente.

Para lá dirige tuas preces e gemidos, cada dia, com lágrimas, a fim de que mereça tua alma, depois da morte, passar venturosamente ao Senhor. Amém.

24. O juízo e as penas dos pecadores

1. Em todas as coisas, olha o fim e de que modo estarás diante do severo Juiz a quem nada é oculto, que não se deixa aplacar com dádivas, nem aceita desculpas, mas que julgarás segundo a justiça.

Ó misérrimo e insensato pecador! Que responderás a Deus, que conhece todos os teus crimes, se, às vezes, te amedronta até o olhar de um homem irado?

Por que não te acautelas para o dia do juízo, quando ninguém poderá ser desculpado ou defendido por outrem, mas cada um terá assaz que fazer por aí?

Agora o teu trabalho é frutuoso, o teu pranto aceito, o teu gemer ouvido, satisfatória a tua contrição.

2. Grande e salutar purgatório tem nesta vida o homem paciente: se, injuriado, mais se dói da maldade alheia, que da ofensa própria; se, de boa vontade, roga por seus adversários e de todo o coração perdoa os agravos; se não tarda em pedir perdão aos outros; se mais facilmente se compadece do que se irrita; se constantemente faz violência a si mesmo e se esforça por submeter de todo a carne ao espírito.

Melhor é expiar já os pecados e extirpar os vícios, que adiar a expiação para mais tarde.

Com efeito, nós enganamos a nós mesmos pelo amor desordenado que temos à carne.

3. Que outra coisa há de devorar aquele fogo, senão os teus pecados?

Quanto mais te poupas agora e segues a carne, tanto mais cruel será depois o tormento e tanto mais lenha ajuntas para a fogueira.

Naquilo em que o homem mais pecou, será mais gravemente castigado.

Ali os preguiçosos serão incitados por aguilhões ardentes e os gulosos serão atormentados por violenta fome e sede.

Os impudicos e voluptuosos serão banhados em pez ardente e fétido enxofre, e os invejosos uivarão de dor, à semelhança de cães furiosos.

4. Não há vício que não tenha o seu tormento especial.

Ali, os soberbos serão acabrunhados de profunda confusão e os avarentos, oprimidos com extrema penúria.

Ali será mais cruel uma hora de suplício do que cem anos aqui da mais rigorosa penitência.

Ali não há descanso nem consolação para os condenados, enquanto aqui, às vezes, cessa o trabalho e nos consolam os amigos.

Relembra agora e chora teus pecados, para que no dia do juízo estejas seguro entre os escolhidos.

Pois "erguer-se-ão, naquele dia, os justos com grande força contra aqueles que os oprimiram e desprezaram" (Sab 5, 1).

Então se levantará, para julgar, Aquele que agora se curvou humildemente ao juízo dos homens.

Então terá muita confiança o pobre e o humilde, mas o soberbo estremecerá de pavor.

5. Então se verá que foi sábio, neste mundo, quem aprendeu a ser louco e desprezado, por amor de Cristo.

Então dará prazer toda tribulação, sofrida com paciência, e a "iniqüidade não abrirá a sua boca" (Sl 106, 42).

Então se alegrarão todos os piedosos e se entristecerão todos os ímpios.

Então mais exultará a carne mortificada, que se fora sempre nutrida em delícias.

Então brilhará o hálito grosseiro e desbotarão as vestimentas preciosas.

Então terá mais apreço o pobre tugúrio que o dourado palácio.

Mais valerá a paciente constância que todo o poderio do mundo.

Mais será engrandecida a singela obediência que toda a sagacidade do século.

6. Mais satisfação dará a pura e boa consciência que a douta filosofia.

Mais valerá o desprezo das riquezas que todos os tesouros da terra.

Mais te consolará a lembrança de uma devota oração que a de inúmeros banquetes.

Mais folgarás de ter guardado silêncio do que de ter falado muito.

Mais valor terão as boas obras que as lindas palavras.

Mais agradará a vida austera e a árdua penitência que todos os gozos terrenos.

Aprende agora a padecer um pouco, para poupar-te mais graves sofrimentos no futuro.

Experimenta agora o que podes sofrer mais tarde. Se não podes agora sofrer tão pouca coisa, como suportarás os eternos suplícios? Se tanto te repugna o menor incômodo, que te fará então o inferno?

Certo é que não podes fruir dois gozos: deleitar-te neste mundo e depois reinar com Cristo.

7. Se até hoje tivesses vivido sempre em honras e delícias, que te aproveitaria isso se tivesses que morrer neste instante?

Logo, tudo é vaidade, exceto amar a Deus e só a Ele servir.

Pois quem ama a Deus, de todo o coração, não teme nem a morte, nem o castigo, nem o juízo, nem o inferno, porque o perfeito amor dá seguro acesso a Deus.

Mas quem ainda se delicia no pecado, não é de estranhar que tema a morte e o juízo.

Todavia, é bom que, se do mal não te aparta o amor, te refreie ao menos o temor do inferno.

Aquele, porém, que despreza o temor de Deus, não poderá por muito tempo perseverar no bem e depressa cairá nos laços do demônio.

25. A fervorosa emenda de toda a nossa vida

1. Sê vigilante e diligente no serviço de Deus e pergunta-te amiúde: a que vieste, para que deixaste o mundo? Não será para viver por Deus e tornar-te homem espiritual?

Trilha, pois, com fervor, o caminho da perfeição, porque em breve receberás o prêmio dos teus trabalhos; nem te afligirão, daí por diante, temores nem dores.

Agora, terás algum trabalho; mas depois acharás grande repouso e perpétua alegria.

Se tu permaneceres fiel e diligente no seu serviço, Deus, sem dúvida, será fiel e generoso no prêmio.

Deves manter firme esperança de alcançar vitória; mas não convém considerá-la garantida, para não caíres na tibieza ou na presunção.

2. Certo homem que vacilava muitas vezes, ansioso, entre o temor e a esperança, estando um dia acabrunhado pela tristeza, entrou numa igreja e, diante dum altar, prostrado em oração, dizia consigo mesmo: "Oh! Se eu soubesse que havia de perseverar!" E logo ouviu em si a divina resposta: "Se tal soubesses, que farias? Faze já o que então fizeras e estarás bem seguro".

Consolado imediatamente, e confortado, abandonou-se à divina vontade e cessou a ansiosa perplexidade.

Desistiu da curiosa indagação acerca do seu futuro, aplicando-se antes em conhecer qual fosse a vontade e o perfeito agrado de Deus para começar e acabar qualquer boa obra.

3. "Espera no Senhor e faze boas obras — diz o profeta —, habita na terra e serás apascentado com suas riquezas" (Sl 36, 3).

Há uma coisa que esfria em muitos o fervor do progresso e zelo da emenda: o horror da dificuldade ou o trabalho da peleja.

Certo é que, mais que os outros, aproveitam nas virtudes aqueles que com maior empenho se esmeram em vencer a si mesmos naquilo que lhes é mais penoso e contrariam mais suas inclinações.

Porque tanto mais aproveita o homem, e mais copiosa graça merece, quanto mais se vence a si mesmo e se mortifica no espírito.

4. Não custa igualmente a todos vencer-se e mortificar-se.

Todavia, o homem diligente e porfioso fará mais progressos, ainda que seja combatido por muitas paixões, que outro de melhor índole, porém menos fervoroso em adquirir as virtudes.

Dois meios, principalmente, ajudam muito a nossa emenda e vêem a ser: apartar-se valorosamente das coisas às quais viciosamente se inclina a natureza e porfiar em adquirir a virtude de que mais se há mister.

Aplica-te também a evitar e vencer o que mais te desagrada nos outros.

5. Procura tirar proveito de tudo: se vês ou ouves relatar bons

exemplos, anima-te logo a imitá-los; mas, se reparares em alguma coisa repreensível, guarda-te de fazê-la e, se em igual falta caíste, procura emendar-te logo dela.

Assim como tu observas os outros, também eles te observam a ti.

Que alegria e gosto ver irmãos cheios de fervor e piedade, bem acostumados e morigerados!

Que tristeza, porém, e aflição, vê-los andar desnorteados e descuidados dos exercícios de sua vocação!

Que prejuízo descurar os deveres do estado e aplicar-se ao que Deus não exige!

6. Lembra-te da resolução que tomaste e põe diante de ti a imagem de Jesus crucificado.

Com razão te envergonharás, considerando a vida de Jesus Cristo, pois até agora tão pouco procuraste conformar-te com ela, estando há tanto tempo no caminho de Deus.

O religioso que, com solicitude e fervor, se exercita na santíssima vida e paixão do Senhor, achará nela com abundância tudo o quanto lhe é útil e necessário e escusará buscar coisa melhor fora de Jesus.

Oh! Se entrasse em nosso coração Jesus crucificado, quão depressa e perfeitamente seríamos instruídos!

7. O religioso cheio de fervor tudo suporta de boa vontade e executa o que lhe mandam.

O relaxado e tíbio, porém, encontra tribulação sobre tribulação, sofrendo, de toda parte, angústia: é que ele carece da consolação interior, e lhe é vedado buscar o exterior.

O religioso que transgride a regra anda exposto a grande ruína.

Quem busca a vida cômoda e menos austera sempre estará em angústia, porque uma ou outra coisa sempre lhe desagrada.

8. Que fazem tantos outros religiosos que guardam a austera disciplina do claustro?

Raro saem, vivem retirados, sua comida é parca, seu hábito grosseiro, trabalham muito, falam pouco, vigiam até tarde, levantam-se cedo, rezam muito, lêem com freqüência e conservam-se em toda a observância.

Olha como os cartuxos, os cistercienses e os monges e monjas das diversas ordens se levantam todas as noites para louvar o Senhor.

Vergonha, pois, seria, se tu fosses preguiçoso em obra tão santa, quando tamanha multidão de religiosos entoam a divina salmodia.

9. Oh! Se nada mais tivesses que fazer senão louvar a Deus Nosso Senhor de coração e boca!

Oh! Se nunca precisasses comer, nem beber, nem dormir, mas sempre pudesses atender aos louvores de Deus e aos exercícios espirituais!

Então serias muito mais ditoso do que agora, sujeito a tantas exigências do corpo!

Oxalá não existissem tais necessidades, mas houvesse só aquelas refeições que — ai! — tão raro gozamos!

10. Quando o homem chega ao ponto de não buscar sua consolação em nenhuma criatura, só então começa a gostar perfeitamente de Deus, e anda contente, aconteça o que acontecer.

Então não se alegra pela abundância, nem se entristece pela penúria, mas confia inteira e fielmente em Deus, que lhe é tudo em todas as coisas, para quem nada perece nem morre, mas por quem vive todas as coisas e a cujo aceno, com prontidão, obedecem.

11. Lembra-te sempre do fim e de que o tempo perdido não volta.

Sem empenho e diligência, jamais alcançarás as virtudes.

Se começares a ser tíbio, logo te inquietarás.

Se, porém, procurares afervorar-te, acharás grande paz e sentirás mais leve o trabalho com a graça de Deus e o amor da virtude.

O homem fervoroso e diligente está preparado para tudo.

Mais penoso é resistir aos vícios e às paixões que afadigar-se em trabalhos corporais.

Quem não evita os pequenos defeitos pouco a pouco cai nos grandes.

Alegrar-te-ás sempre à noite, se tiveres empregado bem o dia.

Vigia sobre ti, anima-te e admoesta-te e, vivam os outros como vivem, não te descuides de ti mesmo.

Tanto mais aproveitarás, quanto maior for a violência que te fizeres. Amém.

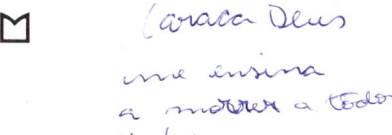

45

SEGUNDO LIVRO

Exortações à vida interior

1. A vida interior

1. "O reino de Deus está dentro de vós", diz o Senhor (Lc 17, 21).

Converte-te a Deus de todo o coração, deixa este mundo miserável e tua alma encontrará descanso.

Aprende a desprezar as coisas exteriores e entregar-te às interiores. Então, verás o reino de Deus vir a ti.

Porque o reino de Deus é "paz e alegria no Espírito Santo" (Rom 14, 17), o que não é dado aos ímpios.

Se preparares para Cristo, no teu interior, digna morada, Ele virá a ti e te manifestará sua consolação.

"Toda a sua glória e beleza vem de dentro" (Sl 44, 14), e só aí o Senhor se compraz.

Para o homem interior tem Ele visitas freqüentes, doces colóquios, suaves consolações, grande paz e familiaridade verdadeiramente inefável.

2. Então, alma fiel, prepara o teu coração para que o Esposo se digne a vir estabelecer em ti a sua morada.

Assim o disse Ele mesmo: "Se alguém me ama, guardará a minha palavra e viremos a ele e faremos nele a nossa morada" (Jo 14, 23).

Dá, pois, entrada a Jesus, não permitas que entre nenhum outro.

Se possuíres Jesus, serás rico e terás o quanto te é preciso.

Ele velará por ti e tomará facilmente cuidado de ti em todas as coisas, de modo que não precises esperar nos homens.

Porque os homens são volúveis e faltam com facilidade à confiança, mas "Cristo permanece eternamente" (Jo 12, 34) e, constante, nos acompanha até ao fim.

3. Não se há de ter grande confiança no homem frágil e mortal, por mais que nos seja caro e útil, nem nos devemos afligir com exces-

sos, porque, de vez em quando, ele nos contraria com palavras ou obras.

Os que hoje estão contigo, amanhã talvez sejam contra ti, e reciprocamente, pois os homens mudam como o vento.

Põe toda a tua confiança em Deus e seja ele o teu temor e amor; ele responderá por ti e fará do melhor modo o que convier.

"Não tens aqui morada permanente" (Hebr 13, 14), e, onde quer que estejas, és estranho e peregrino; nem terás nunca descanso, se não estiveres intimamente unido a Jesus.

4. Para que olhas em redor de ti, se não é este o lugar de teu repouso?

No céu deve estar a tua habitação e, como de passagem, hás de olhar todas as coisas da terra.

Todas passam, e tu igualmente passas com elas; toma cuidado para não te apegares a elas, a fim de que não te escravizem e te percam.

Ao Altíssimo eleva sempre teus pensamentos e a Cristo dirige súplica incessante.

Se não sabes contemplar coisas altas e celestiais, descansa na paixão de Cristo e te compraz em habitar suas sacratíssimas chagas.

Se te acolheres devotamente às chagas e preciosos estigmas de Jesus, sentirás grande conforto em tuas mágoas, não terás mais caso de desprezo dos homens e facilmente sofrerás as suas detrações.

5. Cristo também foi, neste mundo, desprezado dos homens e, em suma necessidade, entre os opróbrios, o desampararam seus conhecidos e amigos.

Cristo quis padecer e ser desprezado; e tu ousas queixar-te de alguém?

Cristo teve adversidade e detratores; e tu queres ter a todos por amigos e benfeitores?

Como poderá ser coroada tua paciência, se não encontrares nenhuma adversidade?

Se não queres sofrer alguma contrariedade, como serás amigo de Cristo? Sofre com Cristo e por Cristo, se com Cristo queres reinar.

6. Se uma só vez entrares perfeitamente no coração de Jesus e gozares um pouco de seu ardente amor, não farás caso de teu proveito ou dano; ao contrário, te alegrarás com os mesmos opróbrios; porque o amor de Jesus faz com que o homem se despreze a si mesmo.

O amante de Jesus e da verdade, e o homem deveras espiritual e livre de afeições desordenadas, pode facilmente recolher-se em Deus e, elevando-se em espírito, acima de si mesmo, fruir delicioso descanso.

7. Aquele que avalia as coisas pelo que são e não pelo juízo e

conceito dos outros, este é o verdadeiro sábio, ensinado mais por Deus que pelos homens.

Quem sabe andar recolhido dentro de si e ter em pequena conta as coisas exteriores não precisa escolher lugar nem aguardar horas para se dar a exercícios de piedade.

O homem interior facilmente se recolhe, pois nunca se entrega de todo às coisas exteriores.

Não o estorvam trabalhos externos nem ocupações, às vezes necessariamente, mas ele se acomoda às circunstâncias, conforme sucedem.

Quem tem o interior bem disposto e ordenado não se importa com as façanhas e crimes dos homens.

Tanto o homem se embaraça e distrai, quanto se mete nas coisas exteriores.

8. Se fores reto e puro, tudo te correrá bem e se voltará em teu proveito.

Mas, porque ainda não estás de todo morto a ti mesmo, nem apartado das coisas terrenas, por isso muitas coisas te causam desgostos e perturbações.

Nada mancha tanto e embaraça o coração do homem como o amor desordenado às criaturas.

Se renunciares às consolações exteriores, poderás contemplar as coisas do céu e gozar amiúde da alegria interior.

2. A humilde submissão

1. Não te importes muito de saber quem seja por ti ou contra ti; mas trata e procura que Deus seja contigo em tudo o que fizeres.

Tem boa consciência e Deus te defenderá, pois a quem Deus ajuda não há maldade que o possa prejudicar.

Se souberes calar e sofrer, verás, sem dúvida, o socorro do Senhor.

Ele sabe o tempo e o modo de te livrar; portanto, entrega-te todo a ele.

A Deus pertence aliviar-nos e tirar-nos de toda confusão.

Às vezes é muito útil, para melhor conservarmos a humildade, que os outros saibam os nossos defeitos e no-los repreendam.

2. Quando o homem se humilha por seus defeitos, aplaca facilmente os outros e satisfaz os que estão irados contra ele.

Ao humilde, Deus protege e salva, ao humilde ama e consola,

ao humilde ele se inclina, dá-lhe abundantes graças e depois do abatimento o levanta a grande honra.

Ao humilde, revela seus segredos, e com doçura a si o atrai e convida.

O humilde, ao sofrer afrontas, conserva sua paz, porque confia em Deus e não no mundo.

Não julgues ter feito progresso algum, enquanto te não reconheças inferior a todos.

3. O homem bom e pacífico

1. Primeiro conserva-te em paz e depois poderás pacificar os outros.

O homem apaixonado, até o bem converte em mal e facilmente acredita no mal; o homem bom e pacífico, pelo contrário, faz com que tudo se converta em bem.

Quem está em boa paz de ninguém desconfia; o descontente e perturbado, porém, é combatido de várias suspeitas e não sossega, nem deixa os outros sossegarem.

Diz muitas vezes o que não devia dizer e deixa de fazer o que mais lhe conviria.

Atende às obrigações alheias e descuida-se das próprias.

Tem, pois, principalmente, zelo de ti; depois o terás, com direito, do teu próximo.

2. Bem sabes desculpar e cobrir tuas faltas, mas não queres aceitar as desculpas dos outros!

Mais justo fora que te acusasses a ti e escusasses o teu irmão.

Suporta os outros, se queres que te suportem a ti.

Nota o quão longe estás ainda da verdadeira caridade e humildade, que não permite irar-se ou indignar-se senão contra si próprio.

Não é grande coisa conviver com homens bons e mansos, porque isso, naturalmente, agrada a todos; e cada um gosta de viver em paz e ama os que são de seu parecer.

Viver, porém, em paz com pessoas ásperas, perversas e mal-educadas, que nos contrariam, é grande graça e ação louvável e varonil.

3. Há os que têm paz consigo e com os outros; e há os que não têm paz nem a deixam aos demais; são insuportáveis aos outros e ainda mais o são a si mesmos.

E há outros que têm paz consigo e procuram-na para os demais.

Toda a nossa paz, porém, nesta vida miserável, consiste mais na humilde resignação, que em não sentir as contrariedades.

Quem melhor sabe sofrer maior paz terá.

Esse é vencedor de si mesmo e senhor do mundo, amigo de Cristo e herdeiro do céu.

4. A pureza e a simplicidade da intenção

1. Com duas asas se levanta o homem acima das coisas terrenas: simplicidade e pureza.

A simplicidade há de estar na intenção, e a pureza, no afeto.

A simplicidade procura Deus, a pureza o abraça e frui.

Em nenhuma boa obra acharás estorvo, se estiveres interiormente livre de todo afeto desordenado.

Se só queres e buscas o agrado de Deus e o proveito do próximo, gozarás de liberdade interior.

Se teu coração for reto, toda criatura te será um espelho de vida e um livro de santas doutrinas.

Não há criatura tão pequena e vil que não represente a bondade de Deus.

2. Se fosses interiormente bom e puro, logo verias tudo sem dificuldade e compreenderias bem.

O coração puro penetra o céu e o inferno.

Cada um julga segundo seu interior.

Se há alegria neste mundo, é o coração puro que a goza; se há, em alguma parte, tribulação e angústia, é a má consciência que as experimenta.

Como o ferro metido no fogo perde a ferrugem e se faz todo incandescente, assim o homem que se entrega inteiramente a Deus fica livre da tibieza e transforma-se em novo homem.

3. Quando o homem começa a entibiar, logo teme o menor trabalho e anseia as consolações exteriores.

Quando, porém, começa deveras a vencer-se e andar com ânimo no caminho de Deus, leves lhe parecem as coisas que antes achava onerosas.

5. A consideração de si mesmo

1. Não podemos confiar muito em nós, porque freqüentemente nos faltam a graça e o critério.

Pouca luz temos em nós e facilmente a perdemos por negligência.

De ordinário, também não avaliamos toda a nossa cegueira interior.

Amiúde procedemos mal e nos desculpamos, o que é pior.

Às vezes nos move a paixão e pensamos que é zelo.

Repreendemos nos outros as faltas leves e nos descuidamos das nossas maiores.

Bem depressa sentimos e ponderamos o que dos outros sofremos, mas não se nos dá do que os outros sofrem de nós.

Quem bem e retamente avaliasse suas obras não seria capaz de julgar os outros com rigor.

2. O homem interior antepõe o cuidado de si a todos os outros cuidados, e quem se ocupa de si com diligência facilmente deixa de falar dos outros.

Nunca serás homem espiritual e devoto, se não te despreocupares dos outros, atendendo a ti próprio com especial cuidado.

Se de ti só e de Deus cuidares, pouco te moverá o que se passa por fora.

Onde estás, quando não estás contigo?

E, depois de tudo percorrido, que ganhaste se esqueceste a ti mesmo?

Se queres ter paz e verdadeiro sossego, é preciso que tudo mais dispenses, e só tenhas a ti mesmo, diante dos olhos.

3. Portanto, grandes progressos farás, se te conservares livre de todo cuidado temporal; muito te atrasará o apego a alguma coisa temporal.

Nada te seja grande, nobre, aceito ou agradável, a não ser Deus mesmo ou o que for de Deus.

Considera vã toda consolação que te vier das criaturas.

A alma que ama a Deus despreza tudo o que é abaixo de Deus.

Só Deus, eterno e imenso, que tudo enche, é o consolo da alma e a verdadeira alegria do coração.

6. A alegria da boa consciência

1. A glória do homem virtuoso é o testemunho da boa consciência.

Conserva pura a consciência e sempre terás alegria.

A boa consciência pode suportar muita coisa e permanece alegre, até nas adversidades.

A má consciência anda sempre medrosa e inquieta.

Suave sossego gozarás, se de nada te acusar o coração.

Não te dês por satisfeito, senão quando tiveres feito algum bem.

Os maus nunca têm verdadeira alegria nem sentem a paz interior; pois "não há paz para os ímpios, diz o Senhor" (Is 57, 21).

E se disserem: "Vivemos em paz, não há mal que nos possa acontecer e quem ousará ofender-nos?" — não lhes dês crédito, porque de repente levantar-se-á a ira de Deus e então as suas obras serão aniquiladas e frustrados seus intuitos.

2. A quem ama não é difícil gloriar-se na tribulação; pois gloriar-se assim é gloriar-se na cruz do Senhor.

Pouco dura a glória que os homens dão e recebem.

A glória do mundo anda sempre acompanhada de tristeza.

A glória dos bons está na própria consciência e não na boca dos homens.

A alegria dos justos é de Deus e, em Deus, a sua alegria procede da verdade.

Quem deseja a glória verdadeira e eterna não faz caso da temporal.

E quem procura a glória temporal ou não a despreza de todo, mostra que pouco ama a celestial.

Grande tranquilidade do coração goza aquele que não faz caso de elogios nem de censuras.

3. É fácil estar contente e sossegado, tendo a consciência pura.

Não é mais santo porque te louvam, nem mais ruim porque te censuram.

És o que és, nem te podem os louvores fazer maior do que és aos olhos de Deus.

Se considerares o que és no teu interior, não farás caso do que te dizem os homens.

"O homem vê o rosto e Deus, o coração" (1 Rs 16, 7).

O homem nota os atos, mas Deus pesa as intenções.

Proceder sempre bem e ter-se em pequena conta é indício de alma humilde.

Rejeitar toda consolação das criaturas é sinal de grande pureza e confiança interior.

4. Aquele que não procura o testemunho favorável dos homens mostra que está todo entregue a Deus.

"Porque — como diz São Paulo — não é aprovado aquele que a si próprio recomenda, mas aquele que é recomendado por Deus" (2 Cor 10, 18).

Andar recolhido no interior com Deus, sem estar preso a alguma afeição humana, é próprio do homem espiritual.

7. O amor de Jesus sobre todas as coisas

1. Bem-aventurado aquele que compreende o que seja amar a Jesus e desprezar-se a si por amor de Jesus.

Por esse amor deves deixar qualquer outro, pois Jesus quer ser amado acima de tudo.

O amor da criatura é enganoso e inconstante; o amor de Jesus é fiel e inabalável.

Apegado à criatura, cairás com ela, que é instável; abraçado com Jesus, estarás firme para sempre.

A Ele ama e guarda como amigo, que não te desamparará, quando todos te abandonarem, nem consentirá que pereças na hora suprema, quer queiras, quer não.

2. Conchega-te a Jesus na vida e na morte; entrega-te à sua fidelidade, que só Ele te pode socorrer, quando todos te faltarem.

Teu Amado é de tal natureza, que não admite rival; Ele só quer possuir teu coração e nele reinar como rei em seu trono.

Se souberes desprender-te de toda criatura, Jesus achará prazer em morar contigo.

Quando confiares nos homens, fora de Jesus, verás que estás perdido.

Não te fies nem te firmes na cana movediça: "porque toda a carne é feno e toda a sua glória fenece como a flor do campo" (Is 40, 6).

3. Facilmente serás enganado, se só olhares para as aparências dos homens.

Se procuras alívio e proveito nos outros, quase sempre terás prejuízo.

Procura Jesus em todas as coisas, e o acharás.

Se te buscas a ti mesmo, também te acharás, mas para a tua ruína.

Pois o homem que não busca Jesus é mais nocivo a si mesmo que todo o mundo e seus inimigos todos.

8. A amizade familiar com Jesus

1. Quando Jesus está presente, tudo é suave e nada parece difícil; mas, quando Jesus não está presente, tudo se torna penoso.

Quando Jesus não fala no coração, nenhuma consolação tem valor; mas se Jesus fala uma só palavra, sentimos grande alívio.

Porventura não se levantou logo Maria Madalena do lugar onde chorava, quando Marta lhe disse: "O Mestre está aí e te chama?" (Jo 11, 28).

Hora bendita, quando Jesus te chama das lágrimas para o gozo do espírito!

Que seco e árido és sem Jesus!

Que néscio e vão, se desejas outra coisa, fora de Jesus!

Não será isso maior dano do que se perdesse o mundo inteiro?

2. Que te pode dar o mundo sem Jesus?

Estar sem Jesus é terrível inferno, estar com Jesus é doce paraíso.

Se Jesus estiver contigo, nenhum inimigo te pode ofender.

Quem acha Jesus acha precioso tesouro, ou, antes, o bem superior a todo bem; quem perde Jesus perde muito mais do que se perdesse todo o mundo.

Paupérrimo é quem vive sem Jesus, e riquíssimo quem está bem com Jesus.

3. Grande arte é saber conversar com Jesus e grande prudência conservá-lo consigo.

Sê humilde e pacífico, e contigo estará Jesus; sê devoto e sossegado e Jesus permanecerá contigo.

Depressa podes afugentar Jesus e perder a sua graça, se te inclinares às coisas exteriores; e se o afastares e o perderes, aonde irás e a quem buscarás por amigo?

Sem amigo não podes viver, e se não for Jesus teu amigo acima de todos, estarás mui triste e desconsolado.

Logo, loucamente procedes, se em qualquer outro confias e te alegras.

Antes ter o mundo todo por adversário, que ofender Jesus.

Acima de todos os teus amigos, seja, pois, Jesus amado de modo especial.

4. Sê livre e puro no teu interior, sem apego a criatura alguma.

É mister desprenderes-te de tudo e ofereceres a Deus um coração puro, se queres sossegar e ver como é suave o Senhor.

E com efeito, tal não conseguirás, se não fores prevenido e atraído por sua graça, de modo que, deixando e despedindo tudo mais, com ele só estejas unido.

Pois quando lhe assiste a graça de Deus, de tudo é capaz o homem; e quando ela se retira, logo fica pobre e fraco, como que abandonado aos castigos.

Ainda assim, não deves desanimar nem desesperar, antes resignar-te na vontade de Deus e sofrer tudo o que te acontecer, por honra de Jesus; pois ao inverno sucede o verão, depois da noite volta o dia, e após a tempestade reina a bonança.

9. A carência de toda consolação

1. Não é difícil desprezar as consolações humanas, quando gozamos das divinas.

Grande coisa, porém, e mui meritória, é poder estar sem consolação, tanto divina como humana, sofrendo de boa mente o desamparo do coração, sem em nada se buscar a si mesmo, nem atender ao seu próprio merecimento.

Que maravilha será estares alegre e devoto, quando te assiste a graça!

De todos é almejada essa honra.

É mui suave andar, levado pela graça de Deus.

E que maravilha não sentir a carga aquele que é sustentado pelo Onipotente e acompanhado do guia supremo!

2. Gostamos de ter qualquer consolação, e é penoso ao homem despojar-se de si mesmo.

O glorioso mártir São Lourenço venceu o mundo em união com seu pai espiritual, porque desprezou todos os atrativos do século e sofreu com paciência, por amor a Cristo, que o separassem do Supremo Pontífice São Xisto, a quem ele muito amava!

Assim, com o amor de Deus ele subjugou o amor da criatura e ao alívio humano preferiu o beneplácito divino.

Daí aprende tu a deixar, às vezes, por amor de Deus, um parente ou amigo querido.

Nem tanto te aflijas se te abandonar algum amigo, sabendo que todos, finalmente, nos havemos de separar uns dos outros.

3. Só com renhido e longo combate interior aprende o homem a dominar-se plenamente e pôr em Deus todo o seu afeto.

Quando o homem confia em si, facilmente desliza nas consolações humanas.

Mas o verdadeiro amigo de Cristo e fervoroso imitador de suas virtudes não se inclina às consolações nem busca tais doçuras sensíveis; antes, procura exercícios austeros e sofre por Cristo trabalhos penosos.

4. Quando, pois, Deus te mandar consolação espiritual, recebe-a com ações de graças, mas lembra-te sempre que é mercê de Deus e não merecimento teu.

Com isto, porém, não te desvaneças, nem te entregues a excessiva alegria ou a vã presunção; sê antes mais humilde pelo dom recebido, mas prudente e timorato em tuas ações, pois passará aquela hora e voltará a tentação.

Quando te for tirada a consolação, não desespere logo, aguarda, pelo contrário, com humildade e paciência, a visita celestial; pois Deus é bastante poderoso para restituir-te maior graça e consolação.

Isso não é novo nem estranho aos que são experientes nos caminhos de Deus; porque nos grandes santos e antigos profetas houve muitas vezes essa mudança.

5. Por isso um deles, sentindo a presença da graça, exclamava: "Eu disse, em minha abundância: não serei abalado jamais" (Sl 29, 7).

Sentindo, porém, retirar-se a graça, acrescenta: "Desviastes de mim, Senhor, o vosso rosto, e fiquei perturbado" (Sl 29, 8).

Entretanto, não desespera, mas com maior instância roga ao Senhor, e diz: "A vós, Senhor, clamarei, e ao meu Deus rogarei (Sl 29, 9).

Alcança, afinal, o fruto da sua oração e atesta ter sido atendido, dizendo: "Ouviu-me o Senhor e compadeceu-se de mim, o Senhor se fez meu protetor" (Sl 29, 11).

Mas em quê? "Convertestes — diz ele — meu pranto em gozo e me cercastes de alegria" (Sl 29, 12).

Se isso sucedeu aos grandes santos, não devemos desesperar nós outros, fracos e pobres, por nos sentirmos algumas vezes com fervor, outras com frieza, porque vai e vem o espírito de Deus segundo lhe apraz.

Por isso diz o santo Jó: "Senhor, visitais o homem na madrugada e logo o provais" (Jó 7, 18).

6. Em que posso, pois, esperar ou em que devo confiar, senão na grande misericórdia de Deus e na esperança da graça celestial?

Porque, quer me assistam homens justos, irmãos devotos e amigos fiéis, ou livros santos e formosos tratados, ou cânticos e hinos suaves, tudo isso de pouco me serve e pouco me agrada quando estou desamparado da graça e entregue à minha própria pobreza.

Não há então melhor remédio que Deus.

7. Nunca encontrei homem tão religioso e devoto que não sofresse, às vezes, a subtração da graça e sentisse o arrefecimento do fervor.

Nenhum santo foi tão altamente arrebatado e esclarecido que, antes ou depois, não fosse tentado.

Porque não é digno da alta contemplação de Deus quem por Deus não sofreu alguma tribulação.

Costuma vir primeiro a tentação, como sinal precursor da próxima consolação; porque aos provados pela tentação é prometido o celeste consolo.

"Ao vencedor — diz o Senhor — darei a comer da árvore da

vida que está no paraíso de Deus" (Apoc 2, 7).

8. Dá Deus a consolação, para fortalecer o homem contra as adversidades.

Segue-se então a tentação, para que não se desvaneça a felicidade.

O demônio não dorme, nem a carne já está morta; por isso, não cesses nunca de aparelhar-te para a peleja, porque à direita e à esquerda estão teus inimigos que nunca descansam.

10. A gratidão pela graça divina

1. Para que buscas repouso, se nascestes para o trabalho?

Dispõe-te mais à paciência que à consolação, mais a levar a cruz que a ter alegria.

Quem dentre os mundanos não aceitaria de bom gosto a consolação e a alegria espiritual, se a pudesse ter sempre ao seu dispor?

As consolações espirituais excedem todas as delícias do mundo e todos os deleites da carne.

Pois todas as delícias do mundo são vãs ou torpes e só as do espírito são suaves e honestas, nascidas que são das virtudes e infundidas por Deus nas almas puras.

Mas ninguém pode lograr essas divinas consolações à medida de seu desejo, porque não cessa por muito tempo a guerra da tentação.

2. Grande obstáculo às visitas celestiais é a falsa liberdade do espírito e a demasiada confiança em si mesmo.

Deus faz bem dando-nos a graça da consolação; mas o homem faz mal não retribuindo tudo a Deus, com ação de graças.

E se não se nos infundem os dons da graça, é porque somos ingratos ao Autor, não atribuindo tudo à fonte original.

Pois sempre Deus concede a graça a quem dignamente se mostra agradecido e tira ao soberbo o que costuma dar ao humilde.

3. Não quero consolação que me tire a compunção, nem desejo contemplação que me seduz ao desvanecimento; porque nem tudo que é sublime é santo, nem tudo que é agradável é bom, nem todo desejo é puro, nem tudo que nos deleita agrada a Deus.

De boa mente aceito a graça, que me faz humilde e timorato e me dispõe melhor para renunciar a mim mesmo.

O homem instruído pela graça e experimentado com sua subtração não ousará atribuir-se bem algum, antes reconhecerá sua pobreza e nudez.

Dá a Deus o que é de Deus e atribui a ti o que é teu; isto é, dá graças a Deus pela graça, e só a ti atribui a culpa e a pena que a culpa merece.

4. Põe-te sempre no ínfimo lugar e dar-te-ão o supremo, porque o mais alto não existe sem o apoio do inferior.

Os maiores santos diante de Deus são os que se julgam menores, e quanto mais gloriosos, tanto mais humildes são no seu conceito.

Como estão cheios de verdade e glória celestial, não cobiçam a glória vã.

Em Deus fundados e firmados, nada os pode ensoberbecer.

Atribuindo a Deus todo o bem que receberam, não pretendem a glória uns dos outros; só querem a glória que procede de Deus; seu único fim, seu desejo constante é que ele seja louvado neles e em todos os santos, acima de todas as coisas.

5. Agradece, pois, os menores benefícios e maiores merecerás.

Considera como muito o pouco, e recebe o menor dom como dádiva singular.

Se considerarmos a grandeza do benfeitor, não há dom pequeno ou de pouco valor; porque não pode ser pequena a dádiva que nos vem do soberano Senhor.

Ainda quando nos der penas e castigos, a Ele devemos agradecer, porque sempre é para nossa salvação quanto permite que nos suceda.

Se desejas a graça de Deus, sê agradecido quando a recebes e paciente quando a perdes.

Roga que ela volte, anda cauteloso e humilde, para não vires a perdê-la.

11. O pequeno mundo dos que amam a cruz de Cristo

1. Muitos apresentam-se a Jesus, agora, como apreciadores de seu reino celestial; mas poucos querem levar a sua cruz.

Há muitos sequiosos de consolação, mas poucos de tribulação; muitos companheiros à sua mesa, mas poucos de sua abstinência.

Todos querem gozar com ele, poucos sofrer por ele alguma coisa.

Muitos seguem Jesus até o partir do pão, poucos até beber o cálice da paixão.

Muitos veneram seus milagres, mas poucos participam da ignomínia da cruz.

Muitos amam a Jesus, enquanto não encontram adversidades.

Muitos O louvam e bendizem, enquanto recebem d'Ele algumas consolações; se, porém, Jesus se oculta e por muito pouco os deixa, caem logo em queixumes e desânimo excessivo.

2. Aqueles, porém, que amam a Jesus por Jesus mesmo e não por própria satisfação, tanto O louvam nas tribulações e angústias, como na maior consolação.

E posto que nunca lhes fosse dada a consolação, sempre O louvariam e Lhe dariam graças.

3. Oh! Quanto pode o amor puro de Jesus, sem mistura de interesse ou amor-próprio!

Não são porventura mercenários os que andam sempre em busca de consolações?

Não se amam mais a si do que a Cristo os que estão sempre cuidando de seus cômodos interesses?

Onde se achará quem queira servir desinteressadamente a Deus?

4. É raro achar um homem tão espiritual que esteja desapegado de tudo.

Pois o verdadeiro pobre de espírito e desprendido de toda criatura — quem o descobrirá? "Tesouro preciso que é necessário buscar nos confins do mundo" (Prov 31, 10).

Se o homem der toda a fortuna, isso não é nada.

E se fizer grande penitência, ainda é pouco.

Embora compreenda todas as ciências, ainda está muito longe.

E se tiver grande virtude de devoção ardente, muito ainda lhe falta, a saber: uma coisa que lhe é sumamente necessária.

Que coisa será esta? É que, deixado tudo, deixa-se a si mesmo e sai totalmente de si, sem reservar amor-próprio algum e, depois de feito tudo o que soube fazer, reconhece que nada fez.

5. Não tenha em grande conta o pouco que nele possa ser avaliado por grande: antes, confesse sinceramente que é um servo inútil, como nos ensina a Verdade. "Quando tiverdes cumprido tudo que vos for mandado, dizei: Somos servos inúteis" (Lc 17, 10).

Então, sim, o homem poderá chamar-se verdadeiramente pobre de espírito e dizer com o profeta: "Sou pobre e só neste mundo" (Sl 24, 16).

Entretanto, ninguém é mais poderoso, ninguém mais livre que aquele que sabe deixar-se a si e a todas as coisas e colocar-se no último lugar.

59

12. A estrada real da Santa Cruz

1. A muitos parece dura esta linguagem: "Renuncia a ti mesmo, toma a tua cruz e segue a Jesus Cristo" (Mt 25, 41).

Pois os que agora ouvem e seguem, docilmente, a palavra da cruz, não recearão a sentença da eterna condenação.

Este sinal da cruz estará no céu, quando o Senhor vier para julgar.

Então, todos os servos da cruz, que em vida se conformam com Cristo crucificado, com grande confiança chegar-se-ão a Cristo juiz.

2. Por que temes, pois, tomar a cruz, pela qual se caminha ao reino do céu?

Na cruz está a salvação, na cruz a vida, na cruz o amparo contra os inimigos, na cruz a abundância da suavidade divina, na cruz a fortaleza do coração, na cruz o compêndio das virtudes, na cruz a perfeição da santidade.

Não há salvação da alma nem esperança da vida, senão a cruz.

Toma, pois, a tua cruz, segue Jesus e entrarás na vida eterna.

O Senhor foi adiante, com a cruz às costas, e nela morreu por teu amor, para que tu também leves a tua cruz e nela desejes morrer.

Porquanto, se com ele morreres, também com ele viverás.

E, se fores seu companheiro na pena, também o serás na glória.

3. Verdadeiramente, da cruz tudo depende, e em morrer para si mesmo está tudo; não há outro caminho para a vida e para a verdadeira paz interior, senão o caminho da santa cruz e da contínua mortificação.

Vai para onde quiseres, procura o quanto quiseres e não acharás caminho mais sublime em cima nem mais seguro embaixo que o caminho da santa cruz.

Dispõe e ordena tudo conforme teu desejo e parecer, e verás que sempre hás de sofrer alguma coisa, bom ou mau grado teu; o que quer dizer que sempre haverás de encontrar a cruz.

Ou sentirás dores no corpo, ou tribulações no espírito.

4. Ora serás desamparado de Deus, ora perseguido do próximo e, o que é pior, não raro serás molesto a ti mesmo.

E não haverá remédio e nem conforto que te possa livrar ou aliviar; cumpre que sofras quanto tempo Deus quiser.

Pois Deus quer ensinar-te a sofrer a tribulação sem alívio, para que de todo te submetas a ele e mais humilde te faças pela tribulação.

Ninguém sente tão vivamente a paixão de Cristo como quem passou por semelhantes sofrimentos.

A cruz, pois, está sempre preparada e em qualquer lugar te espera.

Não lhe podes fugir, para onde quer que te voltes, pois em qualquer lugar a que fores te levarás contigo e sempre encontrarás a ti mesmo.

Volta-te para cima ou para baixo, volta-te para fora ou para dentro, em toda parte acharás a cruz; e é necessário que sempre tenhas paciência, se queres alcançar a paz da alma e merecer a coroa eterna.

5. Se levares a cruz de boa vontade, ela te há de levar e conduzir ao termo desejado, onde acabam os sofrimentos, posto que não seja neste mundo.

Se a levares de má vontade, aumentas-lhe o peso e fardo maior te impões; contudo é forçoso que a leves.

Se rejeitares uma cruz, sem dúvida acharás outra, talvez mais pesada.

6. Pensas escapar àquilo de que nenhum mortal pôde eximir-se? Que santo houve no mundo sem tribulação?

Nem Jesus Cristo, Senhor Nosso, esteve uma hora, em toda a sua vida, sem dor e sofrimento. "Convinha — disse ele — que Cristo sofresse e ressurgisse dos mortos, e assim entrasse na sua glória" (Lc 24, 26).

Como, pois, buscas outro caminho que não seja o caminho real da santa cruz?

7. Toda a vida de Cristo foi cruz e martírio; e tu procuras só descanso e gozo?

Andas errado, e muito errado, se outra coisa procuras, não sofrimentos e tribulações; pois toda esta vida mortal está cheia de misérias e assinalada de cruzes.

E quanto mais uma pessoa faz progressos na vida espiritual, tanto maiores cruzes encontra, muitas vezes, porque o amor lhe torna o exílio mais doloroso.

8. Mas, apesar de tantas aflições, o homem não está sem o alívio da consolação, porque sente o grande fruto que lhe advém à alma pelo sofrimento da cruz.

Pois quando, de bom grado, a toma às costas, todo o peso da tribulação se lhe converte em confiança na divina consolação.

E quanto mais a carne é cruciada pela aflição, tanto mais se fortalece o espírito pela graça interior.

E, às vezes, tanto se fortalece, pelo amor das penas e tribulações que, para conformar-se com a cruz de Cristo, não quisera estar sem dores e sofrimentos, pois julga ser tanto mais aceito a Deus, quanto mais e maiores males sofre por seu amor.

Não é isso virtude humana, mas graça de Cristo, que tanto pode e realiza na carne frágil, que o espírito com ardor abraça e ama o que a natureza aborrece e de que foge.

9. Não é conforme à inclinação humana levar a cruz, amar a cruz, castigar o corpo e impor-lhe sujeição, fugir às honras, aceitar as injúrias, desprezar-se a si mesmo e desejar ser desprezado, suportar as aflições e desgraças e não almejar prosperidade alguma neste mundo.

Se olhares somente a ti, reconheces que de nada disso és capazes.

Mas se confiares em Deus, o céu te concederá a fortaleza, e sujeitar-se-ão ao teu mando o mundo e a carne.

Nem o infernal inimigo temerás, se andares escudado na fé e armado com a cruz de Cristo.

10. Portanto, como bom e fiel servo de Cristo, dispõe-te a levar a cruz do teu Senhor, por teu amor crucificado.

Prepara-te a sofrer muitos contratempos e incômodos nesta vida miserável, pois em toda parte, onde quer que estiveres, ou te esconderes, os encontrarás.

Convém que assim seja e não há outro remédio contra a tribulação da dor e dos males senão sofrê-los com paciência.

Bebe, generoso, o cálice do Senhor, se queres ser seu amigo e ter parte com ele.

Entrega a Deus as consolações, para ele dispor delas como lhe aprouver.

Tu, porém, dispõe-te a suportar as tribulações e considera-as como as consolações mais preciosas, porquanto "não têm proporção as penas do tempo com a glória futura" (Rom 8, 18) que havemos de merecer, ainda que tu só as devesses sofrer todas.

11. Quando chegarem a tal ponto que a tribulação te seja doce e amável por amor de Cristo, deves dar-te por feliz, pois achaste o paraíso na terra.

Enquanto o padecer te é molesto e procuras fugir-lhe, andas mal, e em toda parte te persegue o medo da tribulação.

12. Se te resolveres ao que deves, isto é, a padecer e morrer, logo te sentirás melhor e acharás paz.

Ainda que fosses arrebatado, como São Paulo, ao terceiro céu, nem por isso estarias livre de sofrer alguma contrariedade.

"Eu — diz Jesus — mostrar-lhes-ei o quanto terá de sofrer por meu nome" (At 9, 16).

Não te resta, pois, senão sofrer se pretendes amar e servir a Jesus para sempre.

13. Oxalá fosses digno de sofrer alguma coisa pelo nome de Jesus!

Que grande glória resultaria para ti, que alegria para os santos de Deus e que edificação para o próximo!

Pois todos recomendam a paciência, ainda que poucos queiram praticá-la.

Com razão devias padecer, de bom grado, esse pouco por amor de Cristo, quando muitos sofrem pelo mundo coisas incomparavelmente maiores.

14. Fica sabendo e tem por certo que tua vida deve ser uma morte contínua, e quanto mais cada um morre a si mesmo, tanto mais começa a viver para Deus.

Só se é capaz de compreender as coisas do céu quem por Cristo se resolve a sofrer toda adversidade.

Nada neste mundo é mais agradável a Deus nem mais proveitoso a ti que o sofrer, de bom grado, por Cristo.

E se te dessem a escolha, antes deverias desejar sofrer adversidade, por amor de Cristo, do que ser recriado com muitas consolações porque assim serias mais conforme a Cristo e mais semelhante a todos os santos.

Porquanto não consiste nosso merecimento e progresso espiritual em ter muitas doçuras e consolações, mas em sofrer grandes angústias e tribulações.

15. Se houvera coisa melhor e mais proveitosa para a salvação dos homens do que o padecer, Cristo, de certo, o teria ensinado com palavras e exemplos.

Pois claramente exorta seus discípulos e quantos o desejam seguir a que levem a cruz, dizendo: "Quem quiser vir após mim renuncie a si mesmo, tome a sua cruz e segue-me" (Lc 9, 23).

Seja, pois, de todas as lições e estudos este o resultado final: "Cumpre-nos passar por muitas tribulações, para entrar no reino de Deus" (At 14, 21).

63

TERCEIRO LIVRO

A consolação interior

1. A conversação interior de Cristo com a alma fiel

1. ALMA FIEL. "Ouvirei o que em mim disser o Senhor meu Deus" (Sl 84, 9).

Feliz a alma que ouve em si a voz do Senhor e recebe de seus lábios palavras de consolação!

Benditos os ouvidos que percebem o sopro do divino sussurro e nenhuma atenção prestam às sugestões do mundo!

Bem-aventurados, sim, os ouvidos que não atendem às vozes que atroam lá fora, mas que é a Verdade que os ensina lá dentro!

Bem-aventurados os olhos que estão fechados para as coisas exteriores e abertos para as interiores!

Bem-aventurados os que penetram as coisas interiores e se empenham, com exercícios contínuos de piedade, em compreender, cada vez melhor, os segredos celestiais!

Felizes os que com gosto se entregam a Deus e se desembaraçam de todos os impedimentos do mundo.

Considera bem tudo isso, ó minha alma, e fecha as portas dos sentidos, para que possas ouvir o que em ti falar o Senhor teu Deus.

2. JESUS CRISTO. Eis o que te diz o teu amado: "Eu sou tua salvação" (Sl 34, 3), tua paz e tua vida.

Conserva-te junto de mim e encontrarás paz.

Deixa todas as coisas transitórias e busca as eternas.

Tudo o que é temporal é enganoso, e de nada te valem as criaturas se fores abandonada pelo Criador.

Renuncia, pois, a tudo, sê agradável e fiel a teu Criador, para que possas alcançar a verdadeira bem-aventurança.

2. A verdade fala dentro de nós sem ruído de palavras

1. ALMA FIEL. "Falai, Senhor, que o vosso servo escuta" (1 Rs 3, 10). "Sou. vosso servo; dai-me entendimento para que conheça os vossos ensinamentos" (Sl 118, 125).

"Inclinai o meu coração às vossas advertências: Sl 118, 36); "que elas desçam a mim como o orvalho" (Dt 32, 2).

Diziam, outrora, os filhos de Israel a Moisés: "Fala tu conosco e nós te ouviremos; mas não fale Deus conosco, para que não morramos" (Êx 20, 19).

Não, Senhor, não é essa a minha oração; antes, como o profeta Samuel, humilde e ansioso, vos suplico: "Falai, Senhor, que o vosso servo escuta" (1 Rs 3, 10).

Não me fale Moisés, ou outro profeta; falai-me Vós, Deus e Senhor, inspiração e luz de todos os profetas, porque Vós podeis, sem eles, me ensinar perfeitamente, ao passo que eles, sem Vós, de nada me serviriam.

2. Podem muito bem proferir palavras, mas não comunicam o espírito.

Falam com eloqüência, mas, se Vós vos calais, não inflamam o coração.

Ensinam a letra; Vós, porém, explicais o sentido.

Propõem os mistérios, mas Vós abris a inteligência do que neles se esconde.

Proclamam os mandamentos, mas Vós ajudais a cumpri-los.

Mostram o caminho, mas Vós dais a força para o trilhar.

Atuam de fora, mas Vós iluminais e instruís os corações.

Regam a superfície, mas Vós dais a fecundidade.

Clamam com palavras, mas Vós concedeis inteligência para entendê-las.

3. Não me fale, pois, Moisés, mas vós, Senhor meu Deus, Verdade eterna, para que não morra sem ter alcançado fruto algum, se só for admoestado por fora e não abrasado interiormente; e não seja a minha condenação a palavra ouvida e não praticada, conhecida e não amada, criada e não observada.

"Falai, pois, Senhor, que o vosso servo escuta" (1 Rs 3, 10); "tendes palavras de vida eterna" (Jo 6, 69).

Falai-me para consolação de minha alma e reforma de minha vida, também para louvor, glória e perpétua honra vossa.

3. As palavras de Deus se devem ouvir com humildade, e como muitos não as consideram

1. JESUS CRISTO. Ouve, filho, as minhas palavras, palavras suavíssimas que excedem toda a ciência dos filósofos e sábios deste mundo.

Minhas palavras "são espírito e vida" (Jo 6, 64), e não se devem interpretar humanamente.

Não devem constituir motivo de vã complacência, mas devem ser ouvidas em silêncio e recebidas com toda a humildade e grande afeto.

2. ALMA FIEL. E eu disse: "Ditoso o homem, Senhor, a quem educais e instruís na vossa lei, para o tranquilizardes nos dias de desventura" (Sl 93, 12-13) e dar-lhe consolo neste mundo.

3. JESUS CRISTO. Eu, diz o Senhor, ensinei aos profetas desde o princípio e não cesso ainda agora de falar a todos; porém muitos são surdos e insensíveis à minha voz.

Muitos, de mais bom grado, ouvem o mundo mais que a Deus, e mais facilmente seguem os apetites da carne que os preceitos divinos.

Promete o mundo apenas coisas temporais e mesquinhas e é servido com grande ardor; eu prometo bens sublimes e eternos e só encontro frieza no coração dos homens.

Quem com tanta solicitude me serve e obedece em tudo, como se serve ao mundo e aos seus senhores?

"Envergonha-te, Sídon, diz o mar" (Is 23, 4) e, se queres saber a causa, presta-me ouvidos.

Empreendem-se longas caminhadas para conseguir pequena prebenda; pela vida eterna muitos nem dão um passo sequer.

Busca-se o lucro vil; por uma moeda, às vezes, há torpes brigas; por uma ninharia e promessa mesquinha não se teme a fadiga, nem de dia nem de noite.

4. Mas, ó vergonha, pelo bem imutável, pelo prêmio inestimável, para honra suprema e pela glória sem fim, o menor esforço nos cansa.

Envergonha-te, pois, servo preguiçoso e murmurador, de ver que há homens mais aplicados em se perderem, do que tu em te salvares.

Alegram-se mais na vaidade, que tu na verdade.

Contudo, algumas vezes são frustradas as suas esperanças; porém minha promessa a ninguém engana, nem deixa desiludido que em mim confia.

Daria o que prometi, cumprirei o que disse, contanto que se persevere fiel no meu amor até ao fim.

Eu sou quem remunera os bons e submete os justos a fortes provações.

5. Grava minhas palavras em teu coração e medita-as atentamente, porque te serão muito necessárias na hora da tentação.

Coisas que agora não entendes quando lês, entenderás quando eu te visitar.

De dois modos costumo visitar meus eleitos: pela tentação e pela consolação.

E duas lições lhes dou cada dia: numa repreendo-lhes os vícios e noutra exorto-os ao progresso na virtude.

"Quem ouve a minha palavra e a despreza, por ela será julgado no último dia" (Jo 12, 48).

Oração para implorar a graça da devoção

6. ALMA FIEL. Deus e Senhor meu, sois, todo o meu bem; e quem sou eu para me atrever a falar-Vos?

Sou o mais pobre dos vossos servos, vermezinho abjeto, muito mais pobre e desprezível do que eu mesmo sei e ouso dizer.

Lembrai-vos, porém, Senhor, que nada posso, nada tenho e nada valho.

Só Vós sois bom, justo e santo; tudo podeis, tudo dais, tudo encheis e só ao pecador deixais vazio.

"Lembrai-vos das vossas misericórdias" (Sl 24, 6) e enchei meu coração com a vossa graça, pois não quereis que sejam infrutuosas vossas obras.

7. Como poderei eu suportar-me nesta miserável vida se não me confortar a vossa misericórdia e a vossa graça?

Não aparteis de mim o vosso rosto, não demoreis a vossa visita, não me tireis o vosso consolo, para que não fique "a minha alma diante de Vós qual terra sem água" (Sl 142, 6).

"Ensinai-me, Senhor, a fazer a vossa vontade" (Sl 142, 10); ensinai-me a estar em Vossa presença, digna e humildemente; pois sois minha sabedoria, porque na verdade me conheceis e me conhecestes antes que eu viesse ao mundo e ainda antes que o mundo fosse criado.

67

4. Devemos andar na presença de Deus em verdade e humildemente

1. JESUS CRISTO. Filho, anda diante de mim em verdade e procura-me sempre com simplicidade de coração.

Quem anda diante de mim na verdade será defendido dos ataques inimigos, e a verdade o livrará dos ataques inimigos, e a verdade o livrará dos enganos e das murmurações dos maus.

Se a verdade te libertar, serás verdadeiramente livre e não farás caso das vãs palavras dos homens.

2. ALMA FIEL. Senhor, bem verdade é o que dizeis; peço-vos que assim aconteça comigo.

A vossa verdade me ensine, me defenda, me conserve, até a salvação final.

Ela me livre de todos os maus desejos e afetos desordenados, e andarei convosco com grande liberdade de coração.

3. JESUS CRISTO. Eu te ensinarei, diz a Verdade, o que é justo e agradável a meus olhos.

Relembra teus pecados com tristeza e profundo pesar, e não te tenhas em alguma conta por causa do bem que fazes,

Com efeito, és pecador, sujeito a muitas paixões e preso em seus laços.

Quanto a ti, sempre pendes para o nada; bem depressa resvalas e és vencido; uma insignificância te perturba e desanima.

Nada tens de que possas gloriar-te; muito, porém, para te humilhar; pois és mais fraco do que podes imaginar.

4. Nada, pois, do que fazes te pareça grande, nada precioso e admirável, nada digno de apreço, nada nobre, nada verdadeiramente louvável e desejável, senão o que é eterno.

Acima de tudo te agrade a eterna verdade e te desagrade a tua extrema vileza.

Nada temas, nada vituperes e fujas tanto como os teus vícios de pecados, que te devem entristecer mais do que quaisquer prejuízos materiais.

Alguns não andam diante de mim com simplicidade, mas, curiosos e arrogantes, pretendem saber meus segredos e compreender os sublimes mistérios de Deus, descurando-se de si próprios e de sua salvação.

Estes, por sua soberba e curiosidade, não raro caem em grandes tentações e pecados, porque me afasto deles.

5. Teme os juízos de Deus, treme da ira do Onipotente.

Não queiras discutir as obras do Altíssimo; examina antes as tuas iniqüidades, quanto mal cometestes e quanto bem deixastes de fazer por negligência.

Alguns põem toda a sua devoção nos livros, outros nas imagens, outros em sinais e exercícios exteriores.

Alguns me trazem na boca, mas mui poucos no coração.

Outros há, porém, que, alumiados no entendimento e purificados no afeto, sempre suspiram pelos bens eternos; não gostam de ouvir das coisas da terra e com repugnância satisfazem as exigências da nobreza; estes percebem o que lhe diz o Espírito da Verdade.

Pois lhes ensina a desprezar as coisas terrenas e amar as celestiais, a esquecer o mundo e almejar o céu dia e noite.

5. Os admiráveis efeitos do amor divino

1. ALMA FIEL. Graças vos dou, Pai celestial, Pai de meu Senhor Jesus Cristo, porque houvestes por bem lembrar-vos de mim, pobre criatura.

"Pai das misericórdias e Deus de toda a consolação" (2 Cor 1, 3), graças vos dou porque, apesar de minha indignidade, algumas vezes me confortais com as vossas consolações.

Sede para sempre bendito e glorificado, com Vosso Filho Unigênito e o Espírito Santo Consolador, por todos os séculos dos séculos.

Meu Deus e Senhor, santo amigo de minha alma, quando descerdes ao meu coração, exultarão de alegria as minhas entranhas.

Sois a minha glória e o júbilo de meu coração; minha esperança e "meu refúgio nos dias adversos" (Sl 58, 17).

2. Mas, como ainda sou fraco no amor e imperfeito na virtude, necessito ser consolado e confortado por Vós; por isso visitai-me mais vezes e instruí-me com santas doutrinas.

Lembrai-me das más paixões e curai meu coração de todos os afetos desordenados, para que eu, sanado e purificado interiormente, seja apto para amar, forte para sofrer e constante para perseverar.

3. JESUS CRISTO. Grande coisa é o amor!

Bem verdadeiramente inestimável que por si só torna suave o que é difícil e suporta sereno toda a adversidade.

Leva a sua carga sem lhe sentir o peso e torna doce e saboroso tudo o que é amargo.

O amor de Jesus é generoso, inspira grandes ações e nos excita sempre à mais alta perfeição.

O amor tende sempre para as alturas e não se deixa prender pelas coisas inferiores.

O amor deseja ser livre e isento das afeições mundanas, para que suas aspirações não sofram obstáculo, não sejam retardadas pelos bens terrenos, nem abatidas pelas dificuldades.

Nada mais doce do que o amor, nada mais forte, nada mais sublime, nada mais delicioso, nada mais perfeito nem melhor no céu e na terra; porque o amor nasceu de Deus e só em Deus pode descansar, acima de todas as criaturas.

4. Quem ama corre, voa, vive alegre, é livre e nada o embaraça.

Dá tudo por tudo e possui tudo em todas as coisas, porque sobre todas as coisas descansa no Sumo Bem, do qual dimanam e procedem todos os bens.

Não olha para as dádivas, mas eleva-se acima de todos os bens até Aquele que os concede.

O amor muitas vezes não conhece limites, mas seu ardor excede toda medida.

Nada lhe pesa, nada lhe custa; quer mais do que pode; não alega impossibilidades, pois crê que tudo lhe é possível e permitido.

Por isso é capaz de tudo, e realiza e leva a termo muitas coisas que esmorecem e prostram a quem não ama.

5. O amor está sempre vigilante e ainda no sono não dorme.

Nenhuma fadiga o cansa; nenhuma angústia o aflige; nenhum terror o amedronta; mas qual ardente chama e cintilante labareda, irrompe para o alto e avança sem obstáculos.

Só quem ama compreende o que é amar. Bem alto clama aos ouvidos de Deus o afeto da alma que diz: "Meu Deus, meu amor! Sois todo meu e eu, todo vosso".

6. ALMA FIEL. Dilatai-me no amor para que eu aprenda a saborear no fundo do coração como é doce amar e a derreter-me a nadar no vosso amor.

Possua-me o amor e eleve-me acima de mim mesmo nos transportes de seu enlevo.

Cante eu o cântico do amor, siga-Vos nas alturas, Amado de minha alma, e em júbilos de amor desfaleça nos vossos louvores.

Amar-Vos quero mais que a mim e a mim só por amor de vós e em vós a todos que em verdade Vos amam, conforme ordena a lei do amor que de Vós irradia.

7. JESUS CRISTO. O amor é pronto, sincero, piedoso, alegre e afável, forte, sofredor, fiel, prudente, magnânimo, varonil e nunca

busca a si mesmo, porque desde que alguém busca a si mesmo logo perde o amor.

O amor é circunspecto, humilde e reto; não é frouxo, não é leviano, nem cuida de coisas vãs; é sóbrio, casto, constante, quieto, recatado em todos os seus sentidos.

O amor é submisso e obediente aos superiores, mas aos próprios olhos é vil e desprezível; devoto e agradecido para com Deus, confia e espera sempre nele, ainda quando está desconsolado, porque no amor não se vive sem dor.

8. Quem não está disposto a sofrer tudo e fazer a vontade do Amado não é digno de ser chamado amante.

Importa a quem ama abraçar de boa vontade as coisas mais ásperas e amargas, por amor da pessoa amada, e não deixar de amá-la ainda que por ela venham contrariedades.

6. A prova do verdadeiro amor

1. JESUS CRISTO. Filho, não és ainda bastante forte e prudente em teu amor.

ALMA FIEL. Por que, Senhor?

JESUS CRISTO. Porque, à menor contrariedade, deixas o começado e com ânsia excessiva buscas a consolação.

Quem é forte no amor permanece firme na tentação e não cede às sugestões astuciosas do inimigo.

Como lhe agrado na prosperidade, não lhe desagrado na adversidade.

2. Quem é esclarecido no amor não considera tanto o dom de quem ama como o amor de quem dá; cativa-o mais o afeto que o benefício; e acima de todos os dons coloca o seu Amado.

Quem me ama com amor generoso não se detém no dom, mas em mim descansa, acima de todos os meus dons.

Não julgues por isso que tudo está perdido, se alguma vez não experimentas para comigo ou para com os meus santos os sentimentos que quiseras.

Aquele terno e doce afeto que algumas vezes sentes, é efeito da presença de minha graça e antegosto da pátria celeste; sobre ele não te deves apoiar muito, porque vem e vai.

Indício de virtude e grande merecimento é combater os movimentos desordenados da alma e desprezar as sugestões do demônio.

3. Não te perturbem, pois, estranhas imaginações, qualquer que seja o seu objeto.

Conserva firme o teu propósito e a intenção voltada para Deus.

Não tenhas por ilusão se alguma vez te sentes de repente arrebatado em êxtase, e logo depois recais nas frivolidades que de ordinário ocupam teu coração.

Não é a causa delas, antes as padeces contra a vontade; e enquanto te desagradam e resistires, tens merecimento e não culpa.

4. Está certo que o antigo inimigo se esforça de todos os modos para abafar os teus bons desejos e afastar-te dos exercícios de piedade, como o culto dos santos, a piedosa lembrança de minha paixão, a recordação proveitosa dos teus pecados, a guarda do próprio coração, o propósito firme de progredir na virtude.

Sugere-te muitos maus pensamentos para te causar tédio e horror, e arredar-te da oração e das santas leituras.

Desagrada-lhe muito a confissão humilde e, se pudesse, faria com que deixasses de comungar.

Não lhe dês crédito, nem faças caso dele, ainda que muitas vezes prepare armadilhas para te seduzir.

Lança-lhe a culpa de quantos pensamentos maus e impuros te sugerir.

Dize-lhe: "Vai-te, espírito imundo; envergonha-te, miserável; bem impuro deves ser, para me trazeres à imaginação tais torpezas".

Retira-te de mim, malvado sedutor, não terás em mim parte alguma, que Jesus estará comigo, qual guerreiro invencível, e tu ficarás confuso.

Antes quero morrer ou sofrer todos os tormentos que te fazer a vontade; cala-te e emudece; não te escutarei, por mais que me importunes.

"A quem posso eu temer, sendo o Senhor minha luz e minha salvação?" (Sl 26, 1).

"Ainda que um exército se levante contra mim, não temerá meu coração" (Sl 26, 3).

"O Senhor é minha defesa e meu Redentor" (Sl 18, 15).

5. Peleja como bom soldado e, se alguma vez caíres por fraqueza, entra de novo no combate, ainda mais valoroso do que antes, persuadido de que a minha graça te sustentará mais fortemente; guarda-te, entretanto, contra a vã complacência e a soberba.

Por falta dessa vigilância andam muitos enganados e caem, às vezes, em incurável cegueira.

Sirva-te como lição de vigilância e contínua humildade a ruína desses soberbos, que loucamente presumem de si.

7. A necessidade de ocultar a graça sob a guarda da humildade

1. JESUS CRISTO. Filho, muito útil e seguro te é encobrir a graça da devoção, sem te desvaneceres ou te preocupares muito com ela; convindo antes desprezar-te a ti mesmo e temer que não sejas digno da graça recebida.

Não deves apegar-te a um sentimento que bem depressa pode mudar-se no contrário.

Com a graça presente, pondera sobre o quão miserável e pobre és sem ela.

O progresso na vida espiritual não consiste tanto em teres a graça da consolação, mas em suportar-lhe com humildade, abnegação e paciência a privação, de sorte que então não afrouxes no exercício da oração, nem deixes de todo as demais boas obras que costumas praticar.

Procura fazer tudo de boa vontade, como melhor puderes e entenderes, e não te descuides totalmente de ti por causa das obsessões e ansiedades espirituais.

2. Muitos há que se deixam levar pela impaciência e pelo desalento, logo que as coisas não correm como desejam.

Porém, "nem sempre está nas mãos do homem o seu caminho" (Jer 10,23); mas a Deus pertence consolar e dar a graça quando quiser, e quanto quiser, a quem quiser, conforme lhe aprouver, nem mais nem menos.

Perderam-se alguns imprudentes por causa da graça da devoção, porque quiseram fazer mais do que podiam, não ponderando a fraqueza das suas forças e seguindo mais o impulso do coração que os ditames da razão.

E porque na sua presunção quiseram elevar-se mais alto do que Deus queria, bem depressa perderam a graça.

Os que no céu haviam colocado o seu ninho, caíram na própria baixeza e miséria, para que, humilhados e empobrecidos, aprendessem a não voar com as próprias asas, mas a esperar sob a proteção das minhas.

Os novos e principiantes no caminho do Senhor facilmente se podem enganar e perder, se não se aconselhassem com pessoas prudentes.

3. Se quiserem antes seguir seu próprio parecer, que confiar no conselho de pessoas experimentadas, põem em grande risco sua salvação, se continuarem aferrados à sua opinião.

Os que se têm por sábios raro se deixam dirigir pelos outros.

É melhor saber e entender pouco, humildemente, que possuir tesouros de ciência e presumir de si.

Melhor te é ter menos do que muito, se com o muito te vem o orgulho.

Não é bastante prudente quem se entrega todo à alegria, esquecido da antiga pobreza e do casto temor de Deus que sempre receia perder a graça concedida.

Nem tampouco demonstra muita virtude quem no tempo da adversidade e do sofrimento se entrega a excessivo desânimo e, nos pensamentos e afetos, confia menos em mim do que devia.

4. Quem se considera muito seguro no tempo de paz, muitas vezes se revela medroso e covarde em tempo de guerra.

Se te souberes conservar sempre humilde e pequeno no teu conceito, e governar com moderação teu espírito, não cairás tão depressa na tentação e no pecado.

Quando te achares penetrado de grande fervor, é bom que medites no que será de ti na ausência da luz.

E quando, de fato, te vires privado dela, pensa que de novo poderá voltar esta luz que, para ter proveito e glória minha, retirei por algum tempo.

5. Muitas vezes tal prova te é mais proveitosa do que se tudo te saísse sempre bem, à medida de teus desejos.

Pois não se devem avaliar os merecimentos do homem pelas muitas visões e consolações, nem pelo conhecimento das Escrituras, nem pelos graus de honra e dignidade.

Para se conhecer o valor de alguém, deve-se verificar se está fundado em verdadeira humildade e se vive cheio de amor de Deus; se procura a glória do Senhor com a mais pura e reta intenção; se sabe desprezar-se a si próprio; e se gosta mais de ser desprezado e humilhado do que estimado e louvado pelos homens.

8. A vil estima de si mesmo aos olhos de Deus

1. ALMA FIEL. "Ouso falar ao meu Senhor, sabendo que sou pó e cinza" (Gên 18, 27).

Se eu me tiver em maior conta, eis que vos ergueis contra mim, e ao testemunho verdadeiro que dão meus pecados não posso contradizer.

Mas se me tiver por vil e me aniquilar, deixando toda a vã estima de mim mesmo e me reduzir a pó, que sou, na verdade, ser-me-á propício a vossa graça e a vossa luz há de vir em meu coração e todo sentimento de amor-próprio, por mínimo que seja, perder-se-á no abismo do meu nada e perecerá para sempre.

Ali me dais a conhecer o que sou, o que fui, a que ponto cheguei; porque sou nada — e não o sabia.

Abandonado a mim mesmo, sou um puro nada e a mesma fraqueza; tanto, porém, que lançais um olhar sobre mim, logo me sinto forte e cheio de nova alegria.

E é grande maravilha que tão sabiamente me levantais e tão benigno me abraçais, a mim que, pelo próprio peso, pendo sempre para a terra.

2. Isso é obra do vosso amor, que me previne gratuitamente, socorrendo-me em mil necessidades, guardando-me de males, para bem dizer, infindos.

Perdi-me, amando-me desordenadamente; mas, buscando a Vós unicamente, e amando com puro amor, a mim me achei e a Vós também; e esse amor me fez ainda mais aprofundar-me em meu nada.

Porque Vós, ó dulcíssimo Senhor, me tratais além do meu merecimento, e mais do que ouso esperar ou pedir.

3. Bendito sejais, meu Deus, pois conquanto eu seja indigno de todo o bem, ainda assim não cessa vossa liberalidade e bondade infinita de fazer bem até aos ingratos e aos que de Vós andam apartados.

Convertei-nos a Vós, para que sejamos gratos, humildes e devotos, pois vós sois nossa salvação, nossa virtude e fortaleza.

9. Todas as coisas devem referir-se a Deus como a seu último fim

1. JESUS CRISTO. Filho, se desejas de verdade ser feliz, Eu devo ser teu fim último e supremo.

Essa intenção purificará teu coração, tantas vezes apegado desregradamente a si mesmo e às criaturas.

Porque se em alguma coisa te buscas a ti mesmo, logo desfaleces e afrouxas.

Refere, pois, tudo a Mim, principalmente porque eu sou quem te dá tudo.

Considera todos os bens como dimanados do Soberano Bem e, por isso, refere tudo a mim como sua origem.

2. De Mim, como de fonte de vida, tiram água viva o pequeno e o grande, o rico e o pobre, e os que me servem voluntária e livremente receberão graça sobre graça.

Mas quem, fora de Mim, quiser gloriar-se, ou deleitar-se em algum bem particular, jamais poderá firmar-se na verdadeira alegria, nem se lhe dilatará o coração, mas sempre andará perturbado e angustiado de mil maneiras.

Não te atribuas, pois, bem algum, nem a pessoa alguma atribuas virtude, mas refere tudo a Deus, sem o qual nada possui o homem.

Eu dei tudo, eu quero tudo reaver e com estrito rigor exijo as devidas ações de graças.

3. É essa a verdade que afugenta toda a glória vã.

E se entrar em teu coração a graça celestial e a verdadeira caridade, não sentirás mais inveja alguma, nem aperto de coração, nem haverá mais lugar para o amor-próprio.

Porque a divina caridade, tudo vence e multiplica as forças da alma.

Se és verdadeiramente sábio, só em mim te alegrarás e porás a tua confiança; "e porque ninguém é bom senão Deus" (Lc 18, 19), só Ele deve ser louvado e bendito em tudo, acima de todas as coisas.

10. Desprezando o mundo, é doce servir a Deus

1. ALMA FIEL. De novo, Senhor, Vos falarei e não ficarei calado; direi aos ouvidos de meu Deus, meu Senhor e meu Rei, que está nas alturas:

"Quão grande, Senhor, é a abundância das doçuras que reservais para os que Vos temem!" (Sl 30, 20).

Mas que será para os que Vos amam e de todo o coração Vos servem?

É verdadeiramente inefável a doçura da contemplação que concedeis aos que Vos amam.

Nisso particularmente me manifestastes a doçura de vosso amor: quando não era, Vós me criastes, e quando andava longe de Vós, perdido no erro, me reconduzistes a vos servir e me destes o preceito de Vos amar.

2. Fonte de amor eterno, que direi de Vós?

Como poderia esquecer-me que Vos dignastes lembrar-Vos de mim, ainda depois de depravado e perdido?

Além de toda a esperança, usastes de misericórdia para com vosso servo e, acima de todo o mérito, me prodigalizastes vossa graça e amizade.

Com que poderei agradecer-Vos tal mercê?

Porque nem a todos é dado deixar tudo, renunciar ao mundo e abraçar a vida religiosa.

Será porventura mérito que eu Vos sirva, quando toda criatura tem obrigação de Vos servir?

Não me deve parecer grande coisa que eu Vos sirva; antes devo considerar grande e digno de admiração que Vos digneis receber-me, pobre e indigno como sou, em vosso serviço e associar-me aos vossos servos prediletos.

3. Vede, é vosso, Senhor, tudo o que possuo e com que Vos sirvo; entretanto, mais me servis Vós a mim, do que eu a Vós.

Aí estão o céu e a terra, que criastes para uso do homem, e estão atentos a vosso aceno, a fazer cada dia o que lhes mandais.

Mais ainda: os próprios anjos destinais ao serviço do homem.

Mas, acima de tudo isso, Vós mesmos Vos digneis servir ao homem e prometestes ser a sua recompensa.

4. Que Vos darei por esses benefícios sem conta?

Quem me dera poder servir-Vos todos os dias da minha vida!

Se pudera, ainda que um só dia, queria prestar-Vos condigno serviço!

Na verdade, sois digno de todo serviço, de toda honra e glória eterna.

Vós sois verdadeiramente meu Senhor, e eu, vosso pobre servidor, obrigado a servir-Vos com todas as minhas forças, sem me cansar jamais de vos dar louvores.

Assim o quero, assim o desejo: dignai-vos, Senhor, a suprir o que me falta.

5. Grande honra e glória é servir-Vos e desprezar tudo por vosso amor.

Porque copiosa graça alcançarão os que livremente se sujeitam ao vosso santíssimo serviço.

Encontrarão suavíssima consolação do Espírito Santo os que por vós desprezam todos os deleites carnais.

Conseguirão grande liberdade de espírito os que por vosso nome entram na vareda estreita e se apartam de todos os cuidados mundanos.

6. Ó doce e amável servidão de Deus, que torna o homem verdadeiramente livre e santo!

Ó sagrado servidão do estado religioso, que faz o homem igual aos anjos, agradável a Deus, terrível aos demônios e recomendável a todos os fiéis!

Ó ditoso e nunca assaz desejado serviço, que nos mereceu o Bem soberano e adquire o gozo que há de durar para sempre!

11. Devemos examinar e moderar
os desejos do coração

1. JESUS CRISTO. Filho, muitas coisas deves ainda aprender, que não sabes bem.

2. ALMA FIEL. Que coisas são essas, Senhor?

3. JESUS CRISTO. Que conformes completamente o teu desejo a mau beneplácito e não sejas amante de ti mesmo, mas zeloso cumpridor de minha vontade.

Muitas vezes se inflamam teus desejos, e com veemência te impelem; examina, porém, o que mais te move, se minha honra ou teu próprio interesse.

Se for Eu o motivo, ficarás bem contente, qualquer que seja o sucesso do empreendimento; mas, se lá se ocultar algum interesse próprio, eis que isso logo te embaraça e aflige.

4. Guarda-te, pois, de confiar demasiadamente em preconcebidos desejos que tens se Me consultar, para que não suceda que te arrependas e te desagrade o que primeiro te agradou e procuraste com zelo, por te haver parecido melhor.

Nem todo desejo que pareça bom devemos logo seguir, nem tão pouco a todo sentimento contrário logo havemos de fugir.

Convém, às vezes, refrear mesmo o bom empenho e desejos, para que as preocupações não te distraiam o espírito; para que não dês escândalo por falta de discrição; para que, enfim, não te perturbe a resistência dos outros e desfaleças.

5. Quantas vezes, ao contrário, é preciso usar de violência e rebater varonilmente os apetites dos sentidos sem atender ao que a carne quer ou não quer, mas trabalhando por sujeitá-la ao espírito, ainda que se revolte.

Cumpre castigá-la e curvá-la à sujeição, a tal ponto, que esteja disposta para tudo, sabendo contentar-se com pouco e deleitar-se com a simplicidade, sem resmungar por qualquer incômodo.

12. A formação para a paciência e
a luta contra as paixões

1. ALMA FIEL. Deus e Senhor meu, pelo que vejo, a paciência me é muito necessária; pois são muitas as contrariedades desta vida.

Por mais que se procure a paz, não há viver sem combate e sofrimento.

2. JESUS CRISTO. Assim é, filho, e não quero que busques uma paz isenta de tentações e contrariedades, mas que julgues ter achado a paz, ainda quando fores molestado de muitas atribuições e provado em muitas contrariedades.

Se dizes que não podes sofrer tanta coisa, como suportarás, então, o purgatório?

De dois males sempre se deve escolher o menor.

Para escapar dos suplícios futuros, trata de sofrer com paciência os males presentes, por amor de Deus.

Julgas, acaso, que nada ou pouco sofrem os homens do mundo?

Nenhum encontrarás sem sofrimento, ainda que interrogues os que vivem nas maiores delícias.

3. Dirás, talvez, que eles têm muitos deleites e seguem a sua própria vontade e, por isso, pouco lhes pesa a tribulação.

4. Seja embora assim, e tenham eles tudo o quanto desejam, quanto tempo achas que há de durar isso?

Os ricos do mundo "se desvanecerão como fumo" (Sl 36,20), e não ficará nenhuma lembrança de suas alegrias passadas.

E mesmo, enquanto vivem, não os fruem sem amargura, tédio e temor.

Porquanto do próprio objeto de seus deleites muitas vezes lhes vem a dor que os castiga.

E é justo que assim lhes suceda, que encontrem amargura e confusão nos gozos que buscam e perseguem desordenadamente.

5. E quão breves, quão falsos, quão desordenados e torpes são todos os deleites do mundo!

Mas os homens, na embriaguez e cegueira do espírito, não o compreendem; antes, como irracionais, por diminuto prazer, nesta vida corruptível, dão a morte à sua alma.

Tu, pois, filho, "não sigas os teus apetites e desapega-te da tua vontade" (Eclo 18, 30); deleita-se no Senhor e Ele satisfará os desejos do teu coração" (Sl 36, 4).

6. Se queres verdadeiras delícias e receber de mim consolação

abundante, despreza todas as coisas mundanas e renuncia a todos os prazeres inferiores, e por recompensa terás copiosa consolação.

Quanto mais te apartares do prazer que encontras nas criaturas, tanto mais suaves e eficazes consolações em mim acharás.

Não o conseguirás, a princípio, sem alguma tristeza e trabalho na peleja; opor-se-á o costume inveterado, mas será vencido por outro melhor.

Revoltar-se-á a carne, mas o fervor do espírito lhe porá freio.

Perseguir-te-á a serpente antiga e te molestará, mas tu a afugentarás com a oração e, com o trabalho proveitoso, lhe trancarás a principal entrada.

13. A obediência e humilde sujeição conforme o exemplo de Jesus Cristo

1. JESUS CRISTO. Filho, quem procura subtrair-te à obediência aparta-se também da graça; e quem procura favores particulares perde os comuns.

Aquele que não se sujeita pronta e de boa mente a seu superior, mostra que sua carne não lhe obedece ainda prontamente, mas muitas vezes se revolta e resmunga.

Aprende, pois, a sujeitar-se prontamente a teu superior, se queres subjugar a própria carne, porque facilmente se vence o inimigo exterior quando o homem interior não está assolado.

Não há inimigo mais terrível nem mais perigoso para tua alma que tu mesmo, se não estás em paz com o espírito.

Se queres vencer a carne e o sangue, deves compenetrar-te do sincero e absoluto desprezo de ti mesmo.

Mas porque ainda te amas desordenadamente, por isso te repugna sujeitar-se de todo à vontade dos outros.

2. Ora, não é muito que tu, que és pó e nada, te sujeitas a um homem, por amor de Deus, quando eu, o Todo-poderoso e Altíssimo, que criei do nada todas as coisas, me sujeitei humilde ao homem, por amor de ti?

Fiz-me o mais humilde e o último de todos para que venças, com a minha humildade, a tua soberba.

Aprende, pois, a obedecer; aprende, terra e limo, a humilhar-te e curvarte aos pés de todos.

Aprende a quebrantar a tua vontade e a submeter-te a todos em tudo.

3. Indigna-te contra ti mesmo; não toleres em ti desvanecimento algum; mas torna-te tão humilde e submisso, que todos te possam pisar e calcar aos pés, qual lama da rua.

Em que podes, vil pecador, contradizer os que te repreendem, tu, que ofendeste a Deus tantas vezes e tantas vezes mereceste o inferno?

Pouparam-te, porém, meus olhos, porque tua alma é preciosa diante de mim, para que conheças meu amor e te conserves grato aos meus benefícios; para que te dês continuamente à verdade sujeição e humildade, sofrendo com paciência o desprezo dos outros.

14. Devemos considerar os ocultos juízos de Deus para não nos desvanecermos do bem que fazemos

1. ALMA FIEL. Trovejam sobre mim, Senhor, vossos juízos, temem e tremem meus ossos abalados e minha alma fica de todo espavorida.

Estou assombrado ao considerar que nem "os céus são puros aos vossos olhos" (Jo 15, 15).

"Se nos anjos achastes maldade" (Jo 4, 18) e não os poupastes, que será de mim?

"Caíram do céu as estrelas" (Apoc 6, 13); e eu, que sou pó, que devo esperar?

Precipitaram-se no abismo homens cujas obras pareciam dignas de louvor; e aos que se nutriam do pão dos anjos vi deleitar-se com o manjar de animais imundos.

2. Não há, pois, santidade, Senhor, se retirais vossa mão.

Não há sabedoria que aproveite, se deixais de a governar.

Não há fortaleza que valha, se deixais de a conservar.

Não há castidade segura, se deixais de a defender.

Não é proveitosa a própria vigilância, se falta vossa santa guarda.

Desamparados, afundamos logo e perecemos, mas visitados por vós nos reerguemos e vivemos.

Somos, com efeito, inconstantes, mas por vós somos confirmados; somos tíbios, mas vós nos afervorais.

3. Que humilde e baixo conceito deve formar de mim próprio!

Como devo ter em pouca conta o pouco bem que talvez possa haver em mim!

Quão profunda deve ser a minha submissão a vossos insondáveis juízos, Senhor, se outra coisa não sou que nada e puro nada!

Oh! Peso imenso! Ó mar sem fundo nem margens, onde nada acho de mim, senão nada em tudo!

Onde se refugiará, pois, a minha soberba?

Onde a presunção de alguma virtude?

Sumiu-se toda vanglória na profundeza dos vossos juízos.

4. Que é toda a carne em vossa presença?

"Gloriar-se-á porventura a argila contra quem a formou" (Is 29, 16)?

Como se pode desvanecer com vãos louvores aquele cujo coração está deveras sujeito a Deus?

Nem o mundo todo é capaz de ensoberbecer aquele a que a Verdade subjugou.

Nem os louvores de todos os lisonjeiros poderão mover aquele em que Deus põe toda a sua esperança.

Porque os que falam nada são, hão de desvanecer-se com o som de suas palavras; ao passo que "a verdade do Senhor permanece para sempre" (Sl 116, 2).

15. Como se deve proceder e falar nas coisas que se desejam

1. JESUS CRISTO. Filho, dize em todas as coisas:

"Senhor, assim se faça se for do vosso agrado;

Senhor, se for para a vossa glória, assim se cumpra em vosso nome;

Senhor, se vedes que me convém e julgais que isto me é proveitoso, concedei-me que use disso para honra vossa;

Mas se conheceis que me é nocivo e não aproveita à salvação de minha alma, afastai de mim tal desejo".

Porque nem todo desejo procede do Espírito Santo, ainda que nos pareça bem e justo.

Não é fácil discernir se te move espírito bom ou mau, a desejar isso ou aquilo, ou se te move tua própria vontade.

Muitos, que a princípio pareciam animados de bom espírito, julgaram-se, no fim, enganados.

2. Qualquer coisa, pois, que te afigura desejável, deves sempre desejá-la e pedir com temor de Deus e humildade de coração, particularmente encomendar-me tudo com sincera resignação, dizendo:

"Vós sabeis, Senhor, o que é melhor; faça-se isto ou aquilo, conforme vossa vontade.

Dai-me o que quiserdes, quanto e quando quiserdes.

Disponde de mim como entenderdes, como mais vos agradar e para maior glória vossa.

Ponde-me onde quiserdes e disponde de mim livremente em tudo; estou em vossas mãos, virai-me e revirai-me segundo vosso parecer.

Eis aqui vosso servo, pronto para tudo; pois não desejo viver para mim, mas para vós; oxalá com dignidade e perfeição.

Oração para pedir a Deus a graça de cumprir sua Vontade

3. Concedei-me, benigníssimo Jesus, que a vossa graça esteja comigo, comigo trabalhe e persevere comigo até ao fim.

Dai-me que deseje e queira sempre o que mais vos for aceito e agradável.

Vossa vontade seja a minha, e a minha acompanhe sempre a vossa e se conforme em tudo com ela.

Tenha eu convosco o mesmo querer e não querer, de modo que não possa querer ou não querer, senão o que Vós quereis ou não quereis.

4. Fazei que eu morra para tudo o que é do mundo e que deseje ser desprezado e esquecido neste século, por vosso amor.

Permiti que descanse em Vós acima de todos os bens desejáveis e repouse em Vós o meu coração.

Vós sois a verdadeira paz do coração e seu único descanso; fora de Vós, tudo é inquietação e desassossego.

"Nesta paz verdadeira, que sois Vós, Sumo e eterno Bem, quero "dormir e descansar" (Sl 4, 9). Amém.

16. Só em Deus se deve buscar a verdadeira consolação

1. ALMA FIEL. Tudo que posso desejar ou desejar para meu consolo não o espero nesta vida mas na futura.

Ainda que eu tivesse todas as consolações do mundo e pudesse fruir todas as suas delícias, certo é que não poderiam durar muito tempo.

Portanto, considera, minha alma, que não poderás achar consolo pleno e alegria perfeita senão em Deus, que consola os pobres e protege os humildes.

Espera um pouco, ó minha alma, espera a divina promessa, e no céu terás todos os bens em abundância.

Se desordenadamente desejares os bens presentes, perderás os eternos e celestes.

Usa dos bens temporais, mas deseja as eternas.

Não te pode satisfazer bem algum temporal, porque não foste criada para gozá-los.

2. Ainda que possuísses todos os bens criados, não poderias ser feliz e estar contente, porque só em Deus, que criou todas as coisas, consiste tua bem-aventurança e felicidade; não qual a entendem e louvam os apegados ao mundo, mas como a esperam os bons servos de Cristo e às vezes antegozam as pessoas espirituais e limpas de coração, "cuja conversação está nos céus" (Flp 3, 20).

Vã e breve é toda a consolação humana.

A ditosa e verdadeira consolação é a que a Verdade nos faz perceber no fundo do coração.

O homem devoto em toda parte traz consigo seu Consolador, Jesus, e lhe diz:

"Assiste-me, Senhor Jesus, em todo lugar e em todo tempo.

Seja, pois, esta a minha consolação: o carecer voluntariamente de toda consolação humana.

E se me faltar também vosso consolo, seja para mim vossa vontade, que justamente me experimenta, a suprema consolação".

"Não estareis sempre irado, nem serão eternas vossas ameaças" (Sl 102, 9).

17. A Deus se deve entregar o cuidado de tudo o que nos respeita

1. JESUS CRISTO. Filho, deixa-me fazer contigo o que quero; sei o que te convém.

Pensas como homem e julgas, em muitas coisas, consoante te persuade o afeto humano.

2. ALMA FIEL. Senhor, verdade é o que dizeis.

Maior é vossa solicitude por mim, que todo o cuidado que eu mesma possa ter.

Está em grande perigo de cair quem não entrega a Vós todos os seus cuidados.

Fazei de mim, Senhor, tudo o que for de vosso agrado, contanto que permaneça em Vós, reta e firme, a minha vontade.

Não pode deixar de ser bom tudo o que fizerdes de mim.

Se quereis que esteja nas trevas, bendito sejais; e se quereis que esteja na luz, sede também bendito.

Se quereis que esteja consolado, sede bendito, e se quereis que esteja tribulado, sede igualmente para sempre bendito.

3. JESUS CRISTO. Filho, assim deves pensar, se desejas andar comigo.

Tão pronto deves estar para sofrer como para gozar; para a pobreza e para a necessidade, como para a riqueza e abundância.

4. ALMA FIEL. Por Vós, Senhor, sofrerei de bom grado tudo que quiserdes que me sobrevenha.

De vossa mão quero receber, indiferentemente, o bem e o mal, as delícias e as amarguras, as alegrias e as tristezas, e quero dar-Vos graças por tudo que me suceder.

Guardai-me de todo pecado e não temerei nem morte nem inferno.

Contanto que não me rejeiteis eternamente, não me fará mal qualquer tribulação que me sobrevenha.

18. Devem-se sofrer com serenidade de ânimo as misérias da vida a exemplo de Cristo

1. JESUS CRISTO. Filho, descei do céu para tua salvação; tomei tuas misérias, não levado pela necessidade, mas pelo amor, para ensinar-te a paciência e suportar com resignação as misérias temporais.

Porque, desde a hora do meu nascimento até à morte na cruz, nunca estive um instante sem sofrer.

Padeci grande penúria dos bens terrestres; ouvi muitas vezes grandes queixas de mim; sofri com brandura injúrias e opróbrios; recebi, pelos benefícios, ingratidões, pelos milagres, blasfêmias, pela doutrina, repreensões.

2. ALMA FIEL. Senhor, já que fostes tão paciente em vossa vida, cumprindo nisso principalmente a vontade de nosso Pai, justo é que eu, mísero pecador, sofra também com paciência, conforme quereis, e suporte por minha salvação o fardo desta vida mortal.

Porque, se bem que a vida presente seja pesada, torna-se, contudo, com a vossa graça, muito meritória e, com vosso exemplo e o de vossos santos, mais tolerável e leve para os fracos.

É também muito mais consoladora do que outrora, na lei antiga, quando a porta do céu estava fechada, o caminho do céu parecia mais escuro, e bem poucos tratavam de buscar o reino dos céus.

Nem os justos sequer e predestinados podiam entrar no reino celeste antes da vossa Paixão e resgate da vossa sagrada morte.

3. Oh! Quantas graças Vos devo render, por Vos terdes dignado a mostrar a mim e a todos os fiéis o caminho direito e seguro para vosso reino eterno!

Porque vossa vida é o nosso caminho e pela santa paciência caminhamos para Vós, que sois nossa coroa.

Sem vosso exemplo e ensino, quem cuidaria de Vos seguir?

Ah! Quantos ficariam atrás, bem longe, se não vissem vossos luminosos exemplos!

E se ainda andamos tíbios, com tantos prodígios e ensinamentos, que seria se não tivéssemos tantas luzes para vos seguir?

19. A tolerância das injúrias e os sinais da verdadeira paciência

1. JESUS CRISTO. Filho, que é que estás dizendo?

Deixa de te queixarem, em vista da minha Paixão e dos sofrimentos dos santos.

"Ainda não resististe até ao sangue" (Hebr 12, 4).

Pouco é o que sofres em comparação do muito que padeceram eles em tão fortes tentações, tão graves tribulações, tão várias provações e angústias.

Convém, pois, que te lembres dos graves trabalhos dos outros, para que mais facilmente sofras os teus, que são mais leves.

E se te não parecem tão leves, olha, não venha isso de tua impaciência.

Contudo, sejam graves ou leves, procura suportar todos com paciência.

2. Quanto melhor te dispões para padecer, tanto mais paciente serás em tuas ações e maiores merecimentos ganharás; com a resignação e o hábito de sofrer torna-se também mais suave o sofrimento.

Não digas: "Não posso suportar isso daquele homem, nem estou para aturar tais coisas, pois me fez grave injúria e me acusa de coisas que jamais imaginei; de outros sofreria facilmente, quanto julgasse que devia sofrer".

Insensato é semelhante pensar, pois não considera a virtude da paciência nem olha àquele que há de coroá-la, mas só atende às pessoas e às ofensas recebidas.

3. Não é verdadeiro sofredor quem só quer sofrer quanto lhe parece e de quem lhe apraz.

O verdadeiro paciente também não repara em quem exercita a paciência; se é seu superior, ou igual, ou inferior, se é homem bom e santo, ou mau e perverso.

Mas sem diferença de pessoa, sempre que lhe sucede qualquer adversidade, aceita-a gratamente da mão de Deus e a considera um grande lucro para sua alma.

Porque aos olhos de Deus, qualquer coisa, por insignificante que seja, que soframos por amor a Ele, terá seu merecimento.

4. Aparelha-te, pois, para a luta, se queres a vitória.

Sem combate não podes chegar à coroa da paciência.

Sem trabalho não se consegue o descanso e sem combate não se alcança a vitória.

5. ALMA FIEL. Tornai-me, Senhor, possível, pela graça, o que me parece impossível pela natureza.

Vós bem sabeis quão pouco sei sofrer e que fico desanimado com a menor adversidade.

Tornai-me amável e desejável qualquer prova e aflição, por vosso amor, porque o padecer e penar por Vós é muito proveitoso à minha alma.

20. A confissão da própria fraqueza e as misérias desta vida

1. ALMA FIEL. Contra mim confessarei a minha iniqüidade! (Sl 31, 5); confessar-vos-ei, Senhor, a minha fraqueza.

Muitas vezes, a menor coisa basta para me abater e entristecer.

Proponho agir valorosamente, mas assim que me sobrevêm pequena tentação, vejo-me em grandes apuros.

Às vezes, é de uma coisa mesquinha que me vem grave aflição.

E quando me julgo algum tanto seguro, vejo-me, não raro, vencido por um sopro, quando menos o penso.

2. Olhai, pois, Senhor, para esta minha baixeza e fragilidade, que conheceis perfeitamente.

Compadecei-vos de mim e "tirai-me da lama, para que não fique atolado" (Sl 68, 18) e arruinado para sempre.

É isso que amiúde me atormenta e confunde em vossa presença: o ser eu tão inclinado a cair e tão fraco a resistir às paixões.

E embora não me levem ao pleno consentimento, muito me molestam e afligem seus assaltos, e muito me enfastia o viver sempre nesta peleja.

Nisso conheço minha fraqueza, que mais depressa me vem do que se vão essas abomináveis fantasias da imaginação.

3. Ó poderosíssimo Deus de Israel, defensor das almas fiéis, olhai para os trabalhos e dores de vosso servo e assisti-lhe em todo os seus empreendimentos!

Confortai-me com a força celestial, para que não me vença e domine o homem velho, a mísera carne, ainda não inteiramente sujeita ao espírito, contra a qual será necessário pelejar enquanto estiver nesta miserável vida.

Oh! Que vida é esta, em que nunca faltam as tribulações e misérias, em que tudo está cheio de inimigos e ciladas!

Porque mal acaba uma tribulação ou tentação, outra já se aproxima, e até antes de acabar um combate, muitos outros já sobrevêem, inesperados.

4. E como se pode amar uma vida cheia de tantas amarguras, sujeita a tantas calamidades e misérias?

Como se pode chamar vida o que gera tantas mortes e desgraças?

E, não obstante, muitos amam e procuram nela deleitar-se.

Muitos acoimam o mundo de enganador e vão, e ainda assim lhes custa deixá-lo, porque se deixam dominar pelos apetites da carne.

Muitas coisas nos inclinam a amar o mundo, outras a desprezá-lo.

Fazem amar o mundo a concupiscência da carne, a concupiscência dos olhos e a soberba da vida; mas as penas e as misérias que dessas coisas se seguem geram o ódio e aborrecimento do mundo.

5. Infelizmente, o vil deleite vence a alma mundana, que "julga delícia o estar em meio dos espinhos" (Jó 30, 7), porque nunca viu nem provou a doçura de Deus, nem a intrínseca suavidade da virtude.

Mas aqueles que perfeitamente desprezam o mundo e procuram viver para Deus, em santa disciplina, experimentam a doçura divina, prometida aos verdadeiros abnegados e mais claramente conhecem os erros grosseiros do mundo e seus vários enganos.

21. Em Deus se há de descansar acima de todos os bens e graças

1. ALMA FIEL. Ó minha alma em tudo e acima de tudo descansa somente no Senhor, porque ele é o eterno repouso dos santos.

Permite, ó dulcíssimo e amantíssimo Jesus, que eu descanse em Vós mais que em toda criatura; mais que na saúde e formosura; mais que na glória e honra, no poder e na dignidade; mais que em toda ciência e sutileza; mais que em todas as riquezas e artes; mais que na alegria e no divertimento; mais que na fama e no louvor; mais que nas doçuras e consolações, esperanças e promessas, desejos e méritos; mais que em todos os dons e dádivas que me podeis dar e infundir; mais que em todo gozo e alegria que minha alma possa experimentar e sentir; finalmente, mais que nos anjos e arcanjos e em todo o exército celeste; acima de todo o visível e invisível, acima, enfim, de tudo aquilo que Vós, meu Deus, não sois.

2. Porquanto Vós, sois bom acima de todas as coisas.

Só Vós sois altíssimo, só Vós, poderosíssimo, só Vós, suficientíssimo e planíssimo, só Vós, suavíssimo e verdadeiro consolador, só Vós, formosíssimo e amantíssimo, só Vós, nobilíssimo e gloriosíssimo sobre todas as coisas, em quem se olham, a um tempo e plenamente, todos os bens passados, presentes e futuros.

Por isso, é mesquinho e insuficiente tudo quanto fora de Vós mesmo me dais, revelais ou prometeis, enquanto não vejo e possui inteiramente; porque meu coração não pode descansar verdadeiramente, nem estar totalmente satisfeito a não ser em Vós, acima de todos os dons e de todas as criaturas.

3. Ó meu Jesus, esposo diletíssimo, amante puríssimo, senhor absoluto de toda a criação, quem me dera as asas da verdadeira liberdade para voar e repousar em Vós!

Oh! Quando me será concedido ocupar-me totalmente de Vós e experimentar vossa doçura, Senhor meu Deus!

Quando estarei tão perfeitamente recolhido em Vós, que não me sinta a mim mesmo por vosso amor, mas só a Vós, acima de toda sensação e medida, que nem todos conhecem!

Agora, porém, não cesso de gemer e levo, cheio de dor, o peso de minha infelicidade; pois neste vale de lágrimas sucedem tantos males que muitas vezes me perturbam, entristecem e anuviam a alma; outras vezes me embaraçam, distraem, atraem e emaranham, para me impossibilitar vosso acesso e me privar das doces carícias, que gozam sempre os espíritos bem-aventurados!

Deixai-vos enternecer por meus suspiros e pelas tantas amarguras que padeço nesta terra.

4. Ó Jesus, esplendor da eterna glória, consolo da alma desterrada, diante de Vós emudece minha boca e meu silêncio Vos fala.

Até quando tardará a vir o meu Senhor?

Venha a este seu servo pobrezinho, trazer-lhe alegria; estenda-lhe a mão e livre este miserável de toda angústia.

Vinde, vinde, porque sem Vós não posso ter nem um dia, nem uma hora feliz, pois Vós sois minha alegria, e sem Vós está vazio meu coração.

Miserável sou, como que preso e carregado de grilhões, enquanto me não recreeis com a luz de vossa presença e me deis a liberdade, mostrando-me benigno semblante.

5. Busquem outros o que quiserem em lugar de Vós, a mim nenhuma coisa me há de agradar jamais, senão Vós, meu Deus, minha esperança e salvação eterna.

Não calarei, nem cessarei de orar, até que volte vossa graça e me faleis no interior.

6. JESUS CRISTO. Aqui me tens, venho a ti, porque me chamaste.

Moveram-me tuas lágrimas e os desejos de tua alma; a humildade e a contrição do meu coração me trouxeram a ti.

7. ALMA FIEL. Senhor, chamei-Vos, e desejei gozar-Vos, na resolução de desprezar tudo por amor de Vós.

E fostes Vós que primeiro me excitastes a buscar-Vos.

Sede, pois, bendito, Senhor, "por haverdes usado com vosso servo de tamanha bondade" (Sl 118, 65), segundo vossa infinita misericórdia.

Que mais pode dizer vosso servo em vossa presença, senão humilhar-se profundamente diante de Vós e lembrar-se sempre de sua maldade e vileza?

Pois nada há semelhante a vós, entre todas as maravilhas do céu e da terra.

Vossas obras são perfeitíssimas, vossos juízos, verdadeiros, e vossa providência governa todas as coisas.

Louvor e glória, pois, a Vós, ó Sabedoria do Pai, minha boca vos louva e minha alma vos engrandece, juntamente com todas as criaturas.

22. A lembrança dos inumeráveis benefícios de Deus

1. ALMA FIEL. Abri, Senhor, meu coração à vossa lei, e ensinai-me o caminho de vossos preceitos.

Fazei-me compreender a vossa vontade e, com grande reverência e diligente consideração, rememorar os vossos benefícios, gerais ou particulares, para assim render-vos por eles as devidas graças.

Bem sei e confesso que nem pelo menor benefício Vos posso render condignos louvores e agradecimentos.

Eu me reconheço inferior a todos os bens que me destes e, quando considero vossa majestade, abate-se meu espírito com o peso de vossa grandeza.

2. Tudo o que temos, na alma e no corpo, todos os bens que possuímos, internos e externos, naturais e sobrenaturais, todos são benefícios vossos e outra tantas provas de vossa bondade, liberalidade e munificência, que de Vós todos os bens recebemos.

E ainda que este receba mais e outros menos, tudo é vosso, e sem Vós ninguém pode alcançar a menor coisa.

Aquele que recebeu mais não pode gloriar-se de seu merecimento, nem elevar-se acima dos outros, nem desprezar o menor; porque só é maior e melhor aquele que menos atribui a si e é mais humilde e fervoroso em vos agradecer.

E quem se considera mais vil e se julga o mais indigno de todos é o mais apto para receber maiores dons.

3. O que, porém, recebeu menos não deve afligir-se, nem queixar-se, nem ter inveja do mais rico; olhará, ao contrário, para Vós, e louvará vossa bondade, que tão copiosa e liberalmente prodigalizais vossas dádivas, sem acepção de pessoas.

De Vós nos vêm todas as coisas; por todas, pois, deveis ser louvado.

Vós sabeis o que é conveniente dar a cada um e não nos cabe indagar por que este tem menos, aquele mais; só vós podeis avaliar os merecimentos de cada um.

4. Por isso, Senhor meu Deus, considero como grande benefício o não ter eu muitas coisas que trazem a glória exterior e os humanos louvores.

Portanto, ninguém, à vista de sua pobreza e da vileza de sua pessoa, deve conceber, por isso, desgosto, tristeza ou desalento, senão grande alegria e consolo, porque Vós, Deus meu, escolhestes por vossos particulares e íntimos amigos os pobres, os humildes e os desprezados deste mundo.

Testemunho disto são vossos apóstolos, a quem constituístes príncipes sobre toda a terra.

Todavia, viveram neste mundo tão sem queixa, tão humildes e com tanta singeleza da alma, tão sem malícia ou dolo, que se alegravam de sofrer contumélias por vosso nome e com grande afeto abraçavam o que o mundo aborrece.

5. Nada, pois, deve alegrar tanto aquele que Vos ama e reconhece vossos benefícios, como ver executar-se a seu respeito vossa vontade e o beneplácito de vossas eternas disposições.

Tanto deve com isto estar contente e satisfeito, que queira de tão boa vontade ser o menor, como outro desejaria ser o maior; e tão sossegado e contente deve estar no último como no primeiro lugar, tão satisfeito em ser desprezado e abatido, sem nome nem reputação, como se fosse o mais honrado e estimado no mundo.

Porque a vossa vontade e o amor de vossa honra deve ser anteposto a tudo e deve consolar e agradar mais ao vosso servo, que todos os dons presentes ou futuros.

23. Quatro elementos que trazem grande paz

1. JESUS CRISTO. Filho, vou agora ensinar-te o caminho da paz e da verdadeira liberdade.

2. ALMA FIEL. Fazei-me, Senhor, o que dizeis, que muito grato me é ouvi-lo.

3. JESUS CRISTO. Filho, trata de fazer antes a vontade alheia que a tua.

Prefere sempre ter menos que mais.

Busca sempre o último lugar e sujeita-te a todos.

Deseja sempre e roga que se cumpra plenamente em ti a vontade de Deus.

Quem assim procede penetra na região da paz e do descanso.

4. ALMA FIEL. Senhor, este vosso discurso é breve, mas encerra muita perfeição.

Poucas são as palavras, cheias, porém, de sabedoria e de copioso fruto.

Se eu as praticasse fielmente, não me deixaria perturbar com tanta facilidade.

Pois todas as vezes que me sinto inquieto e aflito, verifico que me desviei dessa doutrina.

Vós, porém, que tudo podeis e desejais sempre o progresso da alma, aumentai em mim a graça, para que possa guardar vossos ensinamentos e levar a efeito minha salvação.

Oração contra os maus pensamentos

5. Senhor meu Deus, "não Vos aparteis de mim, vinde em meu socorro" (Sl 70, 12), porque me assaltaram pensamentos vários e grandes temores agitam minha alma.

Como escaparei ileso, como poderei vencê-los?

6. "Eu irei à tua frente — diz o Senhor — e humilharei os poderosos da terra" (Is 45, 2); abrir-te-ei as portas do cárcere e te revelarei mistérios recônditos.

7. Fazei, Senhor, conforme dizeis e que vossa presença dissipe todos os maus pensamentos.

Esta é a minha única esperança e consolação: a Vós recorrer em toda tribulação, em Vós confiar, invocar-vos de todo o coração e com paciência aguardar a vossa consolação.

Oração para pedir a luz do entendimento

8. Esclarecei-me inteiramente, ó bom Jesus, e dissipai todas as trevas da morada do meu coração.

Refreai as minhas muitas distrações e quebrai a violência das tentações que me combatem.

Pelejai fortemente por mim e afugentai estas feras malignas, quero dizer, as concupiscências aliciadoras, a fim de que "haja paz pela vossa força" (Sl 21, 7) e ressoem sem cessar os vossos louvores no templo santo que é a consciência pura.

Mandai aos ventos e às tempestades; dizei ao mar: "aplaca-te"; e ao tufão: "não sopres"; e haverá grande bonança.

9. "Enviai vossa luz e vossa verdade" (Sl 42, 3), para que resplandeçam sobre a terra; porque sou terra vazia e estéril, enquanto não me iluminais.

Derramai sobre mim vossa graça e banhai o meu coração com o orvalho celestial; abri as fontes de devoção que regem a face da terra, para que produza frutos bons e perfeitos.

Erguei meu espírito abatido pelo peso dos pecados e dirigi meus desejos para as coisas do céu, para que, antegozando a doçura da suprema felicidade, me aborreça em pensar nas coisas da terra.

10. Desprendei-me e arrancai-me de toda transitória consolação das criaturas, porque nenhuma coisa criada pode consolar-me plenamente ou satisfazer meus desejos.

Uni-me convosco pelo vínculo indissolúvel do amor, porque só

Vós bastais a quem vos ama e sem Vós tudo o mais é vaidade.

24. Deve-se evitar a curiosidade de saber a vida alheia

1. JESUS CRISTO. Filho, não sejas curioso, nem te preocupes com cuidados inúteis.

Que tens tu com isto ou aquilo? Segue-me.

Pois que te importa saber se alguém é assim ou se outros procedem e falam deste ou daquele modo?

Tu não és responsável pelos outros, mas de ti mesmo deves dar conta; por que, pois, te intrometes em coisas alheias?

Eu conheço todos e vejo tudo que se faz debaixo do sol; sei como cada um procede, o que pensa e quer e a que fim tende a sua intenção.

Deixa, pois, tudo ao meu cuidado, conserva-te em santa paz e deixa o inquieto agitar-se quanto quiser.

Sobre ele recairá tudo o que fizer ou disser, porque não me pode enganar.

2. Não te preocupes com a sombra de um grande nome, nem com a familiaridade de muitos, nem com a amizade particular dos homens.

Pois tudo isso gera distrações e grande perplexidade ao coração.

Eu não duvidaria falar-te e descobrir-te os meus segredos, se atento esperasses minha chegada e me abrisses a porta de teu coração.

Sê cauteloso, vigia na oração e humilha-te em todas as coisas.

25. Em que consiste a verdadeira paz do coração e o verdadeiro aproveitamento da alma

1. JESUS CRISTO. Filho, eu disse a meus discípulos: "Deixo-vos a paz, dou-vos a minha paz; não vô-la dou como a dá o mundo" (Jo 14, 27).

Todos desejam a paz, mas nem todos buscam as coisas que produzem a verdadeira paz.

A minha paz está com os humildes e mansos de coração.

Na muita paciência encontrarás a tua paz.

Se me ouvires e seguires a minha voz, poderás gozar grande paz.

2. ALMA FIEL. Que deverei fazer, pois, Senhor?

3. JESUS CRISTO. Em tudo olha bem o que fazes e dizes, e

dirige toda a tua intenção só para o meu agrado, sem desejar ou buscar coisa alguma fora de mim.

Não julgues temerariamente palavras e obras dos outros, nem te intrometas em coisas que não te dizem respeito; desse modo poderá ser que pouco ou raras vezes te perturbes.

4. A ausência de inquietação e de moléstias do corpo ou do espírito não é próprio da vida presente, mas do estado do eterno descanso.

Não julgues, pois, ter achado a verdadeira paz, se não sentires nenhuma aflição; nem se tudo estiver bem, se não tiveres nenhum adversário, ou tudo te for perfeito, ou se tudo correr a teu gosto.

Nem penses que és grande coisa ou singularmente amado por Deus, se sentes muita devoção e doçura, porque não são esses os sinais pelos quais se conhece o verdadeiro amante da virtude, nem consiste nisso o aproveitamento e a perfeição do homem.

5. ALMA FIEL. Em que consiste, pois, Senhor?

6. JESUS CRISTO. Em te ofereceres de todo o teu coração à divina vontade, sem buscares o teu próprio interesse em coisa algumas, nem eterna; de sorte que com igualdade de ânimo dês graças a Deus na ventura e na desgraça, pesando tudo na mesma balança.

Se fores tão forte e constante na esperança que, privado de toda consolação interior, disponhas teu coração para maiores provações, sem te justificares, como se não deveras sofrer tanto, e antes louvares a santidade e a justiça em todas as minhas disposições, então andarás no verdadeiro e reto caminho da paz e poderás ter certíssima esperança de contemplar novamente minha face com júbilo.

E se chegares ao perfeito desprezo de ti mesmo, fica sabendo que então gozarás da abundância da paz, no grau possível a esta peregrinação terrestre.

26. Excelência da liberdade espiritual, à qual se chega antes pela oração humilde que pela leitura

1. ALMA FIEL. Senhor, é próprio do varão perfeito nunca perder de vista as coisas celestiais e passar pelos mil cuidados, como que sem cuidado, não por indolência, mas por privilégio da alma livre, que não se apega, com desordenado afeto, a criatura alguma.

2. Peço-Vos, ó meu benigníssimo Deus, preservai-me dos cuidados desta vida, para que não me embarace demasiadamente neles; das muitas necessidades do corpo, para que não me escravize à

sensualidade; e de todas as perturbações da alma, para que não me desalente sob o peso das angústias.

Não falo das coisas que a vaidade humana busca tão empenhadamente, mas das misérias que, pela maldição comum de todos os mortais, penosamente oprimem a alma de vosso servo e a impedem de elevar-se à liberdade perfeita de espírito, sempre que o quiser.

3. Ó meu Deus, doçura inefável, convertei em amargura toda consolação carnal que me aparta do amor das coisas eternas e me fascina pelo encanto de um prazer momentâneo.

Não permita que me vença, Deus meu, a carne e o sangue; não me seduza o mundo, com sua glória passageira; não me faça cair o demônio, com sua astúcia.

Dai-me força para resistir, paciência para sofrer, constância para perseverar.

Dai-me, em lugar de todas as consolações do mundo, a suavíssima unção do vosso espírito e, em lugar do amor terrestre, infundi-me o amor de vosso nome!

4. O comer, o beber, o vestir e outras coisas necessárias ao corpo são um peso para a alma fervorosa.

Concedei-me usar, com moderação, de tais lenitivos, sem me prender a eles com demasiado afeto.

Não é lícito rejeitar tudo, pois devemos sustentar a natureza; mas buscar as coisas supérfluas, e o que mais delicia, proíbe-o vossa santa lei, porque de outro modo a carne se rebelará contra o espírito.

Entre esses dois extremos, Senhor, peço-vos que me dirija e me governe vossa mão, para que não pratique algum excesso.

27. O amor-próprio é o maior obstáculo para chegar ao Sumo Bem

1. JESUS CRISTO. Filho, cumpre que dês tudo por tudo, sem reservar-te a ti mesmo.

Fica sabendo que teu amor-próprio te prejudica mais que, qualquer coisa do mundo.

Cada objeto mais ou menos te prende, segundo o amor e afeto que lhe tens.

Se teu amor for puro, simples e bem ordenado, de nenhuma coisa serás escravo.

Não cobices o que não te é lícito possuir, nem possuas coisa alguma que te possa impedir a liberdade interior ou dela privar-te.

É de estranhar que te não entregues a Mim, do íntimo do teu coração, com tudo que possas ter ou desejar.

2. Por que te consomes em vã tristeza? Por que te afanas em cuidados supérfluos?

Conforma-te com a minha vontade e nenhum dano sofrerás.

Se buscares isto ou aquilo, se desejares estar aqui ou ali, por tua comodidade ou teu capricho, nunca estarás quieto, nem livre de cuidados, porque em todas as coisas há algum defeito e em todo lugar quem te contrarie.

3. De nada te serve, pois, adquirir ou acumular bens exteriores, mas muito te aproveita desprezá-los e desarraigá-los do coração.

Isso não se refere somente ao dinheiro e às riquezas, senão também à ambição das honras e ao desejo de vãos louvores, porque tudo isso passa com o mundo.

Pouco resguarda o lugar, se falta o espírito de fervor; nem durará muito tempo aquela paz procurada fora, se faltar ao teu coração o verdadeiro fundamento.

Isto é, se não se firmar em mim.

Mudar tu podes, mas não melhorar, porque, chegada a ocasião, e aceitando-a, encontrarás de novo aquilo de que fugiste e pior ainda.

Oração para pedir a Deus a pureza do coração e sabedoria celeste

4. Confirmai-me, Senhor, pela graça do Espírito Santo.

Confortai em mim o homem interior e livrai meu coração de todo cuidado inútil e de toda ansiedade, para que não me deixe seduzir pelos vários desejos das coisas terrenas, sejam vis ou preciosas, mas para que as considere toda como transitórias e me lembre que eu mesmo sou passageiro, igual a elas:

"Nada há de permanente sob o sol, onde tudo é vaidade e aflição de espírito" (Ecl 2, 11).

Como é sábio quem assim pensa!

5. Dai-me, Senhor, sabedoria celestial, para que aprenda a buscar-Vos e achar-Vos, antes de tudo, a gostar-Vos e amar-Vos acima de tudo, e a compreender todas as coisas como são, segundo a ordem de vossa sabedoria.

Dai-me prudência, para afastar-me do lisonjeiro, e paciência para suportar a quem me contraria.

Porque é grande sabedoria não se deixar mover por qualquer sopro de palavras, nem prestar ouvidos aos traiçoeiros encantos da sereia; pois só desse modo prossegue a alma com segurança no caminho começado.

28. Contra as línguas dos maldizentes

1. JESUS CRISTO. Filho, não te aflijas se alguém fizer de ti mau conceito ou disser coisas que não gostas de ouvir.

Pior ainda deves julgar a ti mesmo, e avaliar-te o mais imperfeito de todos.

Se praticares a vida interior, pouco te importarás com palavras que voam.

É grande prudência calar-se nas horas da tribulação, volver-se interiormente a Mim e não se perturbar com os juízos humanos.

2. Não faças depender tua paz da boca dos homens; porque, quer julgue bem, quer mal de ti, não serás por isso homem diferente.

Onde está a verdadeira paz e a glória verdadeira?

Porventura não está em mim?

Quem não procura agradar aos homens, nem teme desagradar-lhes, esse gozará grande paz.

É do amor desordenado e do vão temor que nascem o desassossego do coração e a distração dos sentidos.

29. Como, durante a tribulação,
devemos invocar a Deus e bendizê-lo

1. ALMA FIEL. Senhor, bendito seja para sempre o vosso nome, pois quisestes que me sobreviesse esta tentação e esse trabalho.

Não lhes posso fugir, mas tenho necessidade de recorrer a Vós, para que me ajudeis e tudo converteis em meu proveito.

Eis-me, Senhor, na tribulação, com o coração aflito; e quanto me atormenta o presente sofrimento!

Pois que direi eu agora, Pai amantíssimo? Mergulhado estou em angústias; "livrai-me desta hora" (Jo 7, 27).

Mas chegou esta hora para que sejais glorificado, livrando-me depois de me haverdes humilhado profundamente.

"Dignai-vos, Senhor, a socorrer-me" (Sl 39, 14); porque, pobre criatura, que posso eu fazer e para onde irei sem Vós?

Dai-me paciência, Senhor, ainda por esta vez.

Ajudai-me, Deus meu, e não temerei, por mais pesada que seja a tribulação.

2. Que posso eu dizer-vos neste estado? Senhor, "faça-se a vossa vontade" (Mt 16, 10).

Bem mereci as angústias e tribulações em que me vejo.

É preciso que eu as sofra; e oxalá seja com paciência, até que passe a tempestade e volte a bonança.

Poderosa, entretanto, é vossa mão onipotente para afastar de mim esta tentação e moderar sua violência, para que não sucumba de todo, como tantas vezes já fizestes comigo, "Deus meu, misericórdia minha" (Sl 68, 18).

E quanto mais difícil para mim, tanto mais fácil é para vós "esta mudança da destra do Altíssimo" (Sl 76, 11).

30. Necessidade de pedir o auxílio divino e confiança de recobrar a graça

1. JESUS CRISTO. Filho, eu sou o Senhor "que conforta no dia da tribulação" (Na 1, 7).

Vem a Mim, quando te achares aflito.

O que mais impede a consolação celeste é o recorreres tarde à oração.

Porque, antes de me suplicares com todo o coração, procuras consolações e alívios externos.

Daqui vem que tudo te aproveita pouco, até que reconheças que sou eu que salvo os que esperam em Mim e que, fora de Mim, não há auxílio eficaz, nem conselho proveitoso, nem remédio durável.

Mas agora que recobraste alento depois da tempestade, reanima-te à luz de minhas misericórdias; porque perto estou de ti, diz o Senhor, para tudo restaurar integralmente, e ainda com abundância e profusão.

2. Há porventura coisa difícil para mim? Ou serei igual ao que diz e não faz?

Onde está a tua fé? Tem firmeza e perseverança.

Sê forte e magnânimo, e a seu tempo virá a consolação.

Espera-me, espera que "eu virei e te curarei" (Mt 7, 7).

O que te acabrunha é uma tentação; e vão temor o que te amedronta.

De que serve a preocupação de futuros incertos senão para "acumular tristezas sobre tristezas" (2 Cor 2, 3).

"A cada dia basta o seu mal" (Mt 6, 34).

É vão e inútil inquietar-se ou alegrar-se com coisas futuras que talvez nunca se realizem.

3. É próprio do homem deixar-se iludir por semelhantes imaginações, mas é sinal de pouco ânimo ceder tão facilmente às sugestões do inimigo.

A ele pouco importa se é por meios verdadeiros ou falsos que se seduz e engana, se é com o amor dos bens presentes, ou com o temor dos males futuros que te deita a perder.

"Não se perturbe, pois, nem tema o teu coração" (Jo 14, 27); crê em mim e tem confiança em minha misericórdia.

Quando te julgas muito longe de Mim, mais perto estou, às vezes, de ti.

Quando pensas que está tudo quase perdido, muitas vezes está próxima a ocasião de granjeares maior mereciência.

Nem tudo está perdido, por te acontecer alguma contrariedade.

Não julgues pela impressão do momento, nem te aflijas com qualquer tribulação, venha de onde vier, como se não houvesse esperança de remédio.

4. Não te julgues inteiramente desamparado, ainda quando, de tempos em tempos, te mando alguma tribulação ou te privo de alguma consolação desejada; porque é este o caminho por onde se vai ao reino dos céus.

E sem dúvida, convém mais a ti e a todos os meus servos, serdes exercitados nas adversidades, do que se tudo vos sucedesse à vossa vontade.

Eu conheço os pensamentos escondidos e sei que muito importa à tua salvação seres, às vezes, privado de toda consolação espiritual, para que não te exalte o bom progresso e te desvaneças do que não és.

O que dei posso tirar, e dar de novo, quando me aprouver.

5. É sempre meu o que dou e quando o tiro; não tomo coisa tua, pois "de Mim procede qualquer dádiva boa e todo dom perfeito" (Tg 1, 17).

Se eu te enviar qualquer pena ou contrariedade, não te revoltes nem desfaleça teu coração; eu posso num momento aliviar-te e transformar tua mágoa em alegria.

Todavia, procedendo eu assim para contigo, sou justo e digno de louvor.

6. Se refletires bem e julgares as coisas segundo a verdade, não deves afligir-te tanto com a adversidade, nem desanimar, mas, ao contrário, alegrar-te e dar-me graças.

Até deve ser tua única alegria que eu te aflija com dores, sem poupar-te.

"Assim como meu Pai me amava, também Eu vos amo a vós" (Jo 15,19), disse eu a meus diletos discípulos e, entretanto, não os enviei às delícias temporais, mas às grandes pelejas, não às honras, mas aos desprezos, não aos passatempos, mas aos trabalhos, não a descansar mas sim a produzir fruto copioso na paciência.

Meu filho, lembra-te bem destas palavras.

31. O desprezo de todas as criaturas para se poder encontrar o Criador

1. ALMA FIEL. Senhor, muita graça ainda me é necessária para chegar a tal ponto que nenhum homem nem criatura alguma me possa estorvar.

Pois enquanto alguma coisa me detém, não posso livremente voar para Vós.

Aspirava a essa liberdade o profeta, quando dizia "Quem me dera asas como as da pomba, para poder voar e descansar!" (Sl 54, 7).

Que há de mais sereno que o olhar singelo, e quem é mais livre que o homem sem desejo terrestre?

Por isso importa que te eleves acima de todas as criaturas e renuncies totalmente a ti mesmo e, naquele arroubo da alma, perseveres e compreendas que o Criador de todas as coisas não tem semelhança com as criaturas.

E quem não estiver desprendido das criaturas não poderá livremente atender às coisas divinas.

Por isso se encontram tão poucos contemplativos, porque raros são os que sabem desapegar-se de todo das coisas perecedoras.

2. Para isso, é mister graça poderosa, que levante a alma e a arrebate acima de si mesma.

Enquanto o homem não for elevado em espírito, livre de todas as criaturas e todo unido a Deus, pouco vale quanto sabe e quanto possui.

Imperfeito permanecerá por muito tempo, e preso à terra, quem algo estimar que não seja o único, imenso e eterno Bem.

Porque tudo que não é Deus é nulo e deve ser tido em conta de nada.

Há grande diferença entre a sabedoria de um homem iluminado e devoto e a ciência de um letrado estudioso.

Muito mais nobre é a doutrina que vem do céu, por inspiração divina, do que aquilo que o engenho humano adquire à custa de muito esforço.

3. Muitos há que desejam a vida contemplativa, mas não tratam de exercitar-se nas coisas que ela exige.

O grande obstáculo é deter-se nos sinais e coisas sensíveis, cuidando pouco da perfeita mortificação.

Não sei o que é, nem que espírito nos move, nem o que pretendemos, nós, que passamos por homens espirituais, quando empregamos tanto trabalho e cuidado nas coisas vis e transitórias, ao passo que raras vezes nos recolhemos plenamente a considerar nosso interior.

4. Grande tristeza! Apenas nos recolhemos algum tempo e logo nos apressamos em sair para as distrações exteriores sem submeter as nossas obras a um exame rigoroso.

Não reparamos para onde se inclinam nossos afetos, nem deploramos quão defeituoso é tudo em nós.

"Por ter corrompido toda a carne o seu caminho" (Gên 6, 12), veio o grande dilúvio.

Estando, pois, corrompido o nosso afeto interior, forçosamente se há de corromper a ação que dele se segue, patenteando bem a fraqueza interior.

Só do coração puro procede o fruto de boa vida.

5. Muitos indagam o quanto realizou uma pessoa; mas de quanta virtude foi animada nem tanto se preocupa.

Com diligência investigam se alguém é forte, rico, formoso, hábil, bom escritor, bom cantor, bom artista; mas quão pobre seja de espírito, quão paciente e manso, quão piedoso e espiritual, disso não se faz caso.

A natureza só considera o exterior do homem, mas a graça olha o interior.

Aquela muitas vezes se engana; esta espera em Deus, para não ser iludida.

32. A abnegação de si mesmo e a renúncia a toda ambição

1. JESUS CRISTO. Filho, não podes gozar perfeita liberdade, enquanto não renunciares inteiramente a ti mesmo.

Em escravidão vivem todos os ricos e egoístas, os cobiçosos, curiosos, que gostam de vaguear, buscando sempre as delícias dos sentidos e não as de Jesus Cristo, mas só imaginam o que não pode permanecer e só disso cogitam.

Pois tudo que não vem de Deus perecerá.

Conserva em teu coração esta breve e profunda sentença: "Deixa tudo e acharás tudo".

Renuncia à cobiça e terás sossego.

Pondera isso, e, quando o praticares, tudo entenderás.

2. ALMA FIEL. Senhor, isso não é obra de um dia, nem jogo de criança; antes, nesta breve palavra, se condensa toda a perfeição religiosa.

3. JESUS CRISTO. Filho, não deves recear, nem logo desanimar, ouvindo falar do caminho dos perfeitos, mas antes esforçar-te por um estado mais perfeito, ou, pelo menos, almejá-lo ardentemente.

Oxalá fosses assim e tivesses chegado a tanto, que não te amasses a ti mesmo, mas estivesses inteiramente resignado à minha vontade e à daquele que te dei por diretor.

Muito me agradarias, então, e toda a tua vida passaria em paz e alegria.

Ainda tens que desprender-te de muitas coisas e, se não mas entregares inteiramente, não alcançarás o que me pedes.

"Para que sejas rico, aconselho-te que me compres ouro acrisolado no fogo" (Apoc 3, 18), isto é, a sabedoria celestial, que pisa aos pés todas as coisas terrenas.

Despreza a sabedoria terrena, todo o humano contentamento e a própria complascência.

4. Eu disse que deves buscar, em lugar das coisas nobres e preciosas, aquilo que, aos olhos do mundo, é vil e desprezível.

Porque mui vil e desprezível, até quase esquecida, parece a verdadeira e celestial sabedoria, que não se tem em grande conta, nem trata de se engrandecer na terra.

Muitos a enaltecem com a boca, mas afastam-se dela na vida; contudo é essa a pérola preciosa, conhecida de poucos.

33. A instabilidade do coração e a intenção para Deus, nosso último fim

1. JESUS CRISTO. Filho, não te fies nos teus afetos atuais, que depressa em outros se mudarão.

Enquanto viveres, estarás sujeito ao variável, ainda que não queiras; ora te acharás alegre, ora triste, ora sossegado, ora perturbado, umas vezes fervoroso, outras tíbio, já diligente, já preguiçoso, agora sério, logo leviano.

O sábio, porém, e instruído na vida espiritual, está acima dessa inconstância, não cuidando dos seus sentimentos, nem de que parte sopra o vento da instabilidade, mas concentrando todo o esforço de sua alma no devido e almejado fim.

Porque assim poderá permanecer sempre o mesmo e inabalável, dirigindo a mim, sem cessar, a mira de sua intenção, entre todas as vicissitudes que lhe sobrevierem.

2. Quanto mais pura for tua intenção, tanto maior será a tua firmeza durante as diversas tempestades.

Mas em muitos se escurece o olhar da pura intenção, porque depressa o volvem para qualquer objeto que agrada os sentidos.

Poucos há inteiramente livres da pecha do egoísmo.

Assim, os judeus foram um dia a Betânia, em casa de Maria e Marta, "não só por amor de Jesus, mas também para verem Lázaro" (Jo 12, 9).

Cumpre, pois, purificar a intenção, para que seja simples e reta e se dirija a mim acima de tudo que há de permeio.

34. Como é delicioso amar a Deus em tudo e acima de tudo

1. ALMA FIEL, Meu Deus e meu tudo! Que mais quero e que felicidade maior posso desejar?

Ó palavra suave e deliciosa! Mas só para quem ama a Deus e não o mundo, nem as suas coisas.

Meu Deus e meu tudo!

Para quem a entende basta essa palavra e quem ama acha delícia em repeti-la amiúde.

Porque, quando estais presente, tudo é aprazível, mas, se vos ausentais, tudo enfastia.

104

Vós dais ao coração sossego, grande paz e jubilosa alegria.

Vós fazeis que julguemos bem de todos e em tudo vos bendigamos; nem pode, sem vós, coisa alguma agradar-nos por muito tempo, mas, para ser agradável e saborosa, é necessário que lhe assista a vossa graça e a tempere o condimento da vossa sabedoria.

2. A quem saboreia Vossa doçura, que coisa não lhe saberá bem?

Mas a quem em Vós não se deleita, que coisa lhe poderá ser gostosa?

Diante da vossa sabedoria desaparecem os sábios do mundo e os amadores da carne, porque nos primeiros se acha muita vaidade, nos últimos, a morte; os que porém vos seguem pelo desprezo do mundo e pela mortificação da carne, esses são verdadeiramente sábios, porque trocam a vaidade pela verdade e a carne pelo espírito.

Esses acham gosto nas coisas de Deus e tudo quanto se acha de bom nas criaturas. Referem-no à glória do seu Criador.

Diferente, porém, e mui diferente, é o gosto que se encontra em Deus e na criatura, na eternidade e no tempo, na luz incriada e na luz criada.

3. Ó luz eterna, superior a toda luz criada, lançai do alto um raio que penetre todo o íntimo do meu coração.

Purificai, alegrai, iluminai e vivificai a minha alma com todas as suas potências, para que a Vós se una em transportes de alegria.

Oh! Quando virá aquela ditosa e almejada hora, em que haveis de saciar-me com a vossa presença e ser-me tudo em todas as coisas?

Enquanto isso não me for concedido, minha alegria não será perfeita.

Ah! Infelizmente ainda vive em mim o homem velho, não ainda de todo crucificado nem inteiramente morto.

Ainda se revolta fortemente contra o espírito e move guerras interiores; nem consente em que reine tranqüilidade na alma.

4. Mas Vós, "Senhor, que dominais o poder dos mares e amansais o ímpeto de suas ondas" (Sl 88, 10), "ergui-vos, ajudai-me" (Sl 43, 26).

"Dissipai os poderes que procuram guerras, esmagai-os com a vossa força" (Sl 67, 31).

"Manifestai, Senhor, as vossas maravilhas e seja glorificada a vossa destra" (Ecl 35, 7), pois não tenho outro refúgio senão em Vós, meu Senhor e meu Deus!

35. Nesta vida ninguém está livre de intenções

1. JESUS CRISTO. Filho, nunca estarás seguro nesta vida, mas, enquanto viveres, terás necessidade de armas espirituais.

Andas cercado de inimigos que à direita e à esquerda te acometem.

Logo, se não te armares por todos os lados com o escudo da paciência, não estarás por muito tempo sem ferida.

Demais, com sincera vontade de sofrer tudo por meu amor, não poderás suportar tão renhido combate, nem alcançar a palma dos bem-aventurados.

Cumpre, pois, caminhar com ânimo varonil por entre todos os obstáculos e arredar com a mão poderosa todos os empecilhos.

Pois "ao vencedor será dado o maná" (Apoc 2, 17) e ao covarde aguarda muita miséria.

2. Se buscas descanso nesta vida, como chegarás ao descanso eterno?

Não procures muito descanso, mas muita paciência.

Busca a paz verdadeira do céu, não sobre a terra, não nos homens, nem nas demais criaturas, mas só em Deus.

Deves, por amor de Deus, aceitar tudo de boa vontade, isto é, trabalhos e sofrimentos, tentações, vexames, ansiedades, doenças, injúrias, afrontas, correções e desprezos.

Tudo isso faz progredir na virtude, prova o novo soldado de Cristo e prepara a coroa celestial.

Darei prêmio eterno por breve trabalho e glória infinita por humilhação transitória.

3. Julgas que sempre há de ter consolações espirituais à medida da tua vontade?

Nem sempre as tiveram os meus santos, passando ao contrário por muitas penas, várias tentações e grandes angústias.

Mas eles suportaram tudo com paciência, mais confiados em Deus que em si, porque, sabiam "que não têm proporção os sofrimentos desta vida com a futura glória" (Rom 8, 18) que os recompensa.

Quereis obter logo o que tantos apenas conseguiram só depois de copiosas lágrimas e grandes trabalhos?

"Espèra no Senhor, age varonilmente, e sê firme" (Sl 26, 14); não desanimes, não recues, mas expõe generosamente corpo e alma pela glória de Deus.

Eu te recompensarei plenamente e estarei contigo em toda tribulação.

36. Contra os vãos juízos dos homens

1. JESUS CRISTO. Filho, põe tua confiança em Deus e não temas os juízos humanos, enquanto tua consciência te der testemunho da tua piedade e inocência.

É bom e salutar sofrer desse modo, bem como isso não será penoso ao coração humilde, que confia mais em Deus que em si mesmo.

Muitos falam com demasia, e por isso não se lhes deve dar muito crédito.

Mas também não é possível satisfazer a todos.

São Paulo, ainda que se empenhasse em agradar a todos no Senhor, fazendo-se tudo para todos, nem por isso deixava de ser indiferente ao juízo dos homens.

2. Fez todo o possível para a edificação e a salvação dos outros, quanto dele dependia; contudo não pôde evitar ser julgado e desprezado por alguns; por isso, pôs tudo nas mãos de Deus, que tudo conhecia, e defendeu-se com paciência e humildade contra as línguas maldizentes dos que inventavam maldades e mentiras e as espalhavam a seu bel-prazer.

Todavia, uma vez ou outra, dava resposta, para que seu silêncio não fosse causa de se escandalizarem os fracos.

3. "Que tens a temer de um homem mortal" (Is 51, 12) que hoje vive e amanhã já desapareceu?

Teme a Deus e não temerás as ameaças dos homens.

Que mal te pode fazer um homem com palavras e afrontas?

Mais se prejudica a si mesmo do que a ti e, seja quem for, não poderá escapar ao juízo de Deus.

Põe os olhos em Deus e não contendas com palavras de queixa.

Se agora pareces sucumbir e padecer injúria não merecida, não fiques contrariado nem diminuas a tua coroa com a impaciência, mas antes levanta os olhos ao céu, para mim, que poderoso sou, para te livrar de toda confusão e injúria e dar a cada um conforme suas obras.

37. A pura e inteira renúncia de si mesmo para alcançar a liberdade do coração

1. JESUS CRISTO. Filho, deixa-te a ti, e achar-me-ás a mim.

Despe tua vontade e teu amor-próprio e sempre tirarás lucro.

Porque, logo que te entregues a mim sem reservas, se te acrescentará a graça.

ALMA FIEL. Senhor, em que devo renunciar-me, e quantas vezes?

JESUS CRISTO. Sempre e a toda hora, tanto no muito como no pouco.

Nada excetuo, mas quero te achar despojado de tudo.

De outra sorte, como poderás ser meu e eu teu, se não estiveres, exterior e interiormente, desapegado de toda vontade própria?

Quanto mais prontamente isso fizeres, tanto melhor te acharás, e quanto mais pleno e sincero for teu sacrifício, tanto mais me agradarás e maior lucro terás.

2. Alguns há que se entregam a mim, mas com alguma reserva, porque não têm plena confiança em Deus e por isso tratam de prover as próprias necessidades.

Outros, a princípio, tudo oferecem, mas depois, combatidos pela tentação, volvem-se novamente às próprias comodidades, e, então, quase não progridem nas virtudes.

Esses nunca chegarão à verdadeira liberdade do coração puro, nem à graça de minha doce familiaridade, enquanto não renunciarem de todo a si mesmos, oferecendo-se em cotidiano sacrifício a Deus, sem o que não há nem pode haver união deliciosa comigo.

3. Muitas vezes te disse e agora te torno a dizer: deixa-te, renuncia a ti mesmo e gozarás grande paz interior.

Dá tudo por tudo, não busques, não reclames coisa alguma, persevera, pura e simplesmente, em Mim, e possuir-me-ás.

Terás livre o coração, e as trevas não te poderão oprimir.

Teus esforços, orações e desejos tendam a despojar-te de toda a propriedade para seguir só a Jesus, morrer em ti a fim de viver para Mim eternamente.

Então se dissiparão todas as vãs imaginações, penosas perturbações e supérfluos cuidados.

Logo também desaparecerá o temor demasiado e morrerá o amor desordenado.

38. O bom procedimento nas coisas exteriores e o recurso a Deus nos perigos

1. JESUS CRISTO. Filho, nisto deves empenhar toda a diligência, que em todo lugar, ação ou ocupação exterior estejas inte-

riormente livre e senhor de ti mesmo, dominando todas as coisas e a nenhuma sujeito.

Deves ser o senhor e ordenador de tuas ações e não servo ou escravo; cumpre sejas livre e verdadeiro crente que atinge a condição de liberdade dos filhos de Deus.

Esses elevam-se acima das coisas presentes e contemplam as eternas, só de relance olham para as coisas transitórias e têm a vista presa nas celestiais.

Não se deixam atrair e prender pelas coisas temporais, mas servem-se delas conforme o fim para que foram ordenadas por Deus e destinadas pelo supremo Artífice, que nada deixou sem ordem nas suas criaturas.

2. Se, além disso, em qualquer acontecimento, não te demorares na aparência exterior, nem considerares com os olhos carnais o que vês e ouves, mas em qualquer negócio entrares logo com Moisés no tabernáculo e consultar o Senhor; ouvirás, às vezes, a sua divina resposta e sairás instruído a respeito de muitas coisas presentes e futuras.

Sempre recorria Moisés ao tabernáculo para resolver suas dúvidas e dificuldades, valia-se da oração para triunfar dos perigos e das maldades dos homens.

Do mesmo modo deves tu te refugiar no mais recôndito do teu coração, para, com mais instância, implorar o divino auxílio.

Por isso — como está escrito — Josué e os filhos de Israel foram enganados pelos gabaonitas, "porque não consultaram primeiro ao Senhor" (Jos 9, 14), mas, dando crédito demasiado às suas doces palavras, deixaram-se enganar por fingida piedade.

39. O homem não deve ser impaciente nos seus negócios

1. JESUS CRISTO. Filho, confia-me sempre teus negócios, e eu disporei tudo bem, a seu tempo.

Aguarda minha determinação e disso tirarás proveito.

ALMA FIEL. Senhor, de mui boa vontade vos confio todas as coisas, porque pouco adianta o meu cuidado.

Oxalá não me perturbasse com os conhecimentos futuros, mas me oferecesse sem demora ao vosso beneplácito!

2. JESUS CRISTO. Filho, muitas vezes procura o homem com ânsia uma coisa que deseja; logo, porém, que a alcança, muda de

parecer, porque as afeições não persistem muito ao mesmo objeto, mas facilmente passam de um para outro.

Isso mostra que não é pouco renunciar-se o homem a si mesmo, ainda nas coisas pequenas.

3. O verdadeiro progresso do homem consiste na abnegação de si mesmo e quem assim se abnegou goza grande liberdade e segurança.

Contudo, o antigo inimigo, o adversário de todo o bem não desiste da tentação, armando dia e noite perigosas ciladas, para ver se pode precipitar algum incauto no laço do seu engano.

"Vigiai, pois, e orai — diz o Senhor — para que não entreis na tentação" (Mt 26, 41).

40. O homem em si nada tem de bom, nem de coisa alguma pode gloriar-se

1. ALMA FIEL. "Senhor, que é o homem, para que vos lembreis dele, ou o filho do homem, para que o visiteis?" (SL 8, 5).

Que merecimento tinha o homem, para que lhe désseis vossa graça?

De que poderei queixar-me, Senhor, se me desampardes?

Ou, que poderei reclamar com justiça, se não fizerdes o que Vos peço?

Por certo, não posso pensar nem dizer com verdade senão isto: "Nada sou, Senhor, nada possuo, nada de bom tenho por mim; em tudo sinto a minha insuficiência e caminho sempre para o nada".

E se não for ajudado e fortalecido interiormente por vós, logo cairei na tibieza e no relaxamento.

2. "Vós, porém, Senhor, sempre sois o mesmo" (101, 28) e permaneceis eternamente bom, justo e santo; boas são vossas obras todas, justas e santas, e dispondes tudo com sabedoria.

Mas eu, que sou mais inclinado à negligência que ao aproveitamento espiritual, não sei conservar-me no mesmo estado, porque mudo sete vezes por dia.

Mas tudo vai melhorar, quando me estenderdes a mão para me socorrer; porque só Vós, sem auxílio humano, me podeis ajudar e dar-me firmeza, de tal modo que jamais se mude meu rosto, mas só a Vós se converta meu coração e em Vós descanse.

3. Por isso, se eu soubesse rejeitar toda humana consolação, fosse por adquirir a devoção, fosse pela necessidade que me obriga

a buscar-vos, então poderia com razão esperar a vossa graça e alegrar-me com o favor de nova consolação,

4. Graças vos sejam dadas, Senhor, porque de vós procede todo o bem que me sucede.

Mas eu sou vaidade e nada diante de vós; sou homem frágil e inconstante.

De que posso, pois, gloriar-me, ou por que desejo ser estimado? Porventura do meu nada? Isso seria o cúmulo da vaidade.

Verdadeiramente, a vanglória é peste maligna e a pior das vaidades, porque nos aparta da glória verdadeira e nos priva da graça celestial.

Porquanto, desde que o homem agrada a si, desagrada a Vós; e quando aspira aos humanos louvores, perde as verdadeiras virtudes.

5. Glória verdadeira, porém, e alegria santa é gloriar-se cada um em vós e não em si, deleitar-se em vosso nome e não na sua própria virtude, não achar deleite em criatura alguma, senão por amor de Vós.

Seja louvado o vosso nome e não o meu; sejam glorificadas vossas obras e não as minhas; exaltado seja o vosso santo nome, e a mim nada se atribua dos louvores humanos.

Vós sois minha glória e a alegria do meu coração.

Em Vós me gloriarei e exaltarei todo dia, mas, quanto à minha pessoa, de nada me ufano, a não ser "das minhas fraquezas" (2 Cor 12, 5).

6. Busquem os judeus a glória uns dos outros, eu busco "aquela que vem só de Deus" (Jo 5, 44).

Pois toda glória humana, toda glória temporal e toda grandeza mundana, comparada com a vossa eterna glória, não passa de vaidade e loucura.

Ó verdade e misericórdia minha, Deus meu, Trindade bem-aventurada! a Vós só seja dado louvor, honra, virtude e glória por todos os séculos!

41. O desprezo a toda honra temporal

1. JESUS CRISTO. Filho, não te entristeças por veres os outros honrados e exaltados, ao passo que tu és desprezado e humilhado.

Ergue a Mim o teu coração até o céu e não te entristecerá o desprezo humano na terra.

ALMA FIEL. Senhor, vivemos na cegueira, e facilmente nos engana a vaidade.

Segundo me parece, nunca recebi injúria de criatura alguma; não tenho, pois, motivo de justa queixa contra Vós.

2. Mas, porque cometi tantos pecados, e tão graves, contra Vós, é justo que contra mim se armem todas as criaturas.

A mim, pois, com muita razão, cabe confusão e desprezo, a Vós, porém, louvor, honra e glória.

E enquanto não estiver disposto a querer de bom grado ser desprezado e abandonado por todas as criaturas, e ser tido absolutamente como nada, não haverá em mim paz e tranquilidade interior, nem serei espiritualmente iluminado, nem perfeitamente unido a Vós.

42. Não se deve procurar a paz nos homens

1. JESUS CRISTO. Filho, se puseres tua paz em alguma pessoa, por conviver contigo e ser de teu parecer, achar-te-ás inconstante e embaraçado.

Mas se recorreres à verdade sempre viva e permanente, não te entristecerás pela ausência e morte de um amigo.

Em Mim se há de fundar o amor do amigo e por mim se há de amar todo aquele que nesta vida te parecer bom e amável.

Sem Mim não vale nada, nem durará a amizade; nem é puro e verdadeiro o amor cujos laços eu não tenha dado.

De tal modo deves estar morto para semelhantes afeições dos amigos que, quanto depender de ti, desejes viver sem relações humanas.

Quanto mais se chegar o homem para Deus, tanto mais se afastará de todo apoio terreno.

Tanto mais alto sobe para Deus, tanto mais baixo desce na sua estima, e mais vil se reputa.

2. Mas quem a si mesmo se atribui algum bem impede que a graça venha à sua alma; porque a graça do Espírito Santo sempre busca o coração humilde.

Se souberas perfeitamente aniquilar-te e desprender-te de todo amor às criaturas, eu viria inundar-te a alma com a abundância de minha graça.

Quando olhas para as criaturas, perdes a contemplação do Criador.

Aprende a vencer-te em tudo por teu Criador e então poderás chegar ao conhecimento divino.

Se a qualquer coisa, por pequena que seja, amas e aprecias desordenadamente, desvia-se a alma e te separa do Sumo Bem.

43. Contra a vã ciência do mundo

1. JESUS CRISTO. Não te deixes cativar pela elegância e sutileza dos dizeres humanos, porque "o reino de Deus não consiste em palavras, mas na virtude" (1 Cor 2, 4).

Atende às minhas palavras, que inflamam o coração, iluminam o espírito, levam à compunção e produzem muitas consolações.

Nunca leias minha palavra com o fim de pareceres mais douto ou sábio.

Aplica-te a mortificar teus vícios, porque isso te traz mais proveito que o conhecimento das mais difíceis questões.

2. Por muito que estudes e aprendas, terás de referir tudo sempre ao único princípio.

Sou eu que ensino ao homem a ciência e dou aos pequeninos mais clara compreensão do que os homens são capazes de ensinar.

Aquele a quem eu ensinar, depressa será sábio e muito aproveitará espiritualmente.

Ai daqueles que indagam dos homens muitas coisas curiosas e tratam pouco dos meios de me servir.

Tempo virá em que aparecerá o Mestre dos mestres, Cristo, Senhor dos anjos, para tomar lições de todos, isto é, para examinar a consciência de cada um.

E com a lâmpada na mão perscrutará então Jerusalém e revelará o segredo das trevas, fazendo calar as objeções das línguas humanas.

3. Eu sou o que levanta num instante o espírito humilde, de maneira que compreenda melhor as razões das verdades eternas do que se houvera estudado dez anos na escola.

Eu ensino sem ruído de palavras, sem confusão de opiniões, sem espalhafatos, sem contenda de argumentos.

Eu sou o que ensina a desprezar as coisas terrenas, a aborrecer as coisas presentes, a buscar e apreciar as eternas, a fugir às honras, sofrer as injúrias, pôr em Mim toda esperança, a não desejar coisa alguma fora de Mim e amar só a Mim, com todo fervor, acima de tudo.

4. Alguns, amando-Me inteiramente, aprenderam, com isso coisas divinas e falavam coisas maravilhosas.

Mais aproveitaram em deixar tudo do que em estudar questões sutis.

A uns, porém, falo coisas comuns, a outros, mais particulares; a alguns revelo-me docemente em sinais e figuras, a outros descubro os meus mistérios com muita luz.

A mesma voz fala em todos os livros, mas não ensina a todos do mesmo modo; pois eu sou o que interiormente ensina a verdade, perscruta o coração, penetra os pensamentos, inspira as ações, distribuindo a cada um segundo me apraz.

44. Não nos devemos embaraçar
com as coisas exteriores

1. JESUS CRISTO. Filho, convém fazeres-te ignorante em muitas coisas e te considerares como que morto sobre a terra, para que todo o mundo te esteja crucificado.

Importa também que te faças surdo a muitas coisas, cuidando antes do que serve à tua paz.

Mais útil é desviares os olhos do que não te agrada e deixares a cada um seu parecer, do que entrares em discussões.

Se estiveres bem com Deus e considerares seus juízos, não te será custoso dares-te por vencido.

2. ALMA FIEL. Ah! Senhor, a que chegamos?

Eis que choramos uma perda temporal, trabalhamos e corremos para ganhar mesquinho lucro, mas do dano espiritual nos esquecemos e mal nos lembramos, ou tarde.

Olha-se muito pelo que pouco ou nada vale e não se faz caso do que é sumamente necessário, porque o homem inteiramente se entrega às coisas exteriores e nelas descansa com prazer.

45. Não se deve dar crédito a todos,
e como é fácil pecar por palavras

1. ALMA FIEL. "Socorrei-me, Senhor, na tribulação, porque é vã a salvação que vem do homem" (Sl 59, 3).

Quantas vezes não encontrei fidelidade onde pensei achá-la?

Quantas vezes também a achei onde menos esperava?

É, pois, vã toda a esperança nos homens; em Vós, ó Deus, está a salvação dos justos.

Bendito sejais, Senhor, meu Deus, em tudo que nos acontece,

Somos fracos e inconstantes; facilmente nos enganamos e mudamos.

2. Que homem há tão capaz de se manter precavido e circuns-

pecto em todas as suas ações, que alguma vez não caía em engano nem em perplexidade?

Mas o que confia em Vós, Senhor, e Vos busca com simplicidade de coração, não resvala com tanta facilidade.

E se cair em alguma tribulação, por mais emaranhado que esteja, prontamente o havereis de livrar ou consolar, porque não desamparais ao que em Vós confia até ao fim.

Raro é o amigo fiel que assim se conserva em todas as adversidades do amigo.

Vós, Senhor, só Vós sois fidelíssimo em qualquer circunstância e ninguém há que a Vós se compare.

3. Oh! Que sabedoria a daquela alma santa que disse: "Meu coração está seguro e firme em Cristo!" (Santa Ágata).

Se eu estivera nessa disposição, não me perturbaria tão facilmente o temor humano, nem me abalariam as palavras injuriosas.

Quem pode prever tudo e precaver-se contra os males futuros?

Se os males previstos já ferem tanto, muito mais os imprevistos causarão feridas dolorosas!

Mas por que motivo eu, miserável, não me acautelei melhor?

Por que tão facilmente dei crédito aos outros?

Somos homens e nada mais que frágeis homens, ainda que muitos nos considerem e chamem anjos.

Em que acreditarei, Senhor? Em quem senão em vós?

Sois a verdade que não engana, nem se pode enganar.

Ao passo que "todo homem é mentiroso (Sl 115, 2), fraco, inconstante, frágil, mormente nas palavras; de sorte que mal se lhe deve dar crédito no que à primeira vista parece verdadeiro.

4. Quão prudentemente nos advertistes que nos acautelássemos dos homens; que "os inimigos do homem são os de sua casa" (Mt 10, 36); e que se algum nos dissesse: "Cristo está aqui ou está acolá" (Lc 17, 21), não lhe déssemos crédito!

Aprendi esta verdade à minha custa, e Deus queira que ela sirva para tornar-me mais acautelado e não mais imprudente!

"Cuidado — diz-me alguém — cuidado; o que te digo é só para ti".

E enquanto me calo e julgo que a coisa permanece em segredo, não pode silenciar quem me pediu silêncio; mas logo atraiçoa a mim, a si e vai-se.

Livrai-me, Senhor, destas confidências enganosas e desses homens levianos, para que não caia em suas mãos, nem cometa semelhantes faltas.

Ponde na minha boca palavras sinceras e estáveis e apartai da minha língua todo o artifício.

Devo absolutamente evitar o que dos outros não quero sofrer.

5. Oh! Como é bom, para viver em paz, calar dos outros, não crer sem discernimento nem repetir levianamente tudo o que se ouve; abrir-se com poucos; buscar sempre a vós que vedes o coração; não se deixar levar por todo sopro de palavras; mas desejar que todas as coisas, em nós e fora de nós, se cumpram segundo o bel-prazer de vossa vontade.

Como é seguro, para conservar a graça do céu, fugir das aparências humanas e não cobiçar o que atrai a admiração dos outros; mas buscar com toda a diligência o que pode dar-nos a emenda da vida e o fervor!

A quantos homens tem sido funesta uma virtude conhecida e louvada antes de tempo!

Quão proveitosa foi a graça guardada em silêncio nesta vida frágil, que é toda tentação e luta!

46. A confiança que devemos ter em Deus, quando nos dirigem palavras afrontosas

1. JESUS CRISTO. Filho, conserva-te firme e espera em mim, pois palavras são palavras; ferem os ares, mas não quebram a pedra.

Se és culpado, trata logo de emendar-te; se a consciência de nada te acusa, faze o propósito de sofrê-lo isso de boa vontade, por amor de Deus.

Não é muito sofreres, às vezes, más palavras, já que me não podes ainda suportar mais pesados golpes.

E por que razão te ferem tão leves coisas senão porque és ainda carnal e fazes ainda mais caso dos homens do que convém?

Temes ser desprezado e por isso não queres ser repreendido de tuas faltas e procuras defender-te com desculpas.

2. Mas examina-te melhor e verás que vive ainda em ti o mundo e o vão desejo de agradar aos homens.

Pois já que foges de ser abatido e confundido por causa dos teus defeitos, mostras claramente que não és verdadeiramente humilde, nem inteiramente morto ao mundo, e que o mundo não está de todo crucificado.

Mas ouve a minha palavra e não farás caso de dez mil palavras humanas.

Mesmo que dissessem contra ti o quanto pode inventar a mais negra malícia, que mal te faria, se o deixasses passar, não fazendo mais caso daquilo que duma palha?

Porventura poderia arrancar-te um só cabelo?

3. Mas quem não domina o coração, nem tem a Deus diante dos olhos, facilmente fica aborrecido com uma palavra de repreensão.

Aquele, porém, que confia em mim, e não se aferra à sua própria opinião, viverá sem temor dos homens.

Eu sou o juiz e conheço todos os segredos, sei como se passou tudo, quem fez a injúria e quem a sofre.

De mim saiu esta palavra, por minha permissão te sucedeu isso, "para que fossem revelados os pensamentos de muitos corações" (Lc: 2, 35).

Julgarei o culpado e o inocente: primeiro, porém, quis provar ambos por oculto juízo.

4. Engana, muitas vezes, o testemunho dos homens; meu juízo é verdadeiro e não será revogado.

As mais das vezes é oculto e poucos lhe conhecem todas as particularidades, mas nunca erra, nem pode errar, posto que pareça menos reto aos olhos dos néscios.

A mim, pois, deves recorrer, para qualquer orientação e não te ater ao teu próprio parecer.

Pois o justo não se perturbará, seja o que for que lhe suceda, por permissão de Deus.

Não se afligirá com as palavras que contra ele disserem injustamente.

Mas também não se encherá de vã alegria, quando outros o justificarem com razões.

Ele pondera que "eu sou o perscrutador dos corações e dos rins" (Sl 7, 10), e não julgo segundo o exterior e as aparências humanas.

Porque muitas vezes é culpável a meus olhos o que é tido por louvável na opinião dos homens.

5. ALMA FIEL. Senhor, "Deus, juiz justo, forte e paciente" (Sl 7, 12), que conheceis a fraqueza e malícia dos homens, sede minha fortaleza e toda a minha confiança, porque não me basta a consciência da própria força.

Vós sabeis o que eu não sei, por isso devia ter recebido qualquer repreensão com humildade e mansidão.

Perdoai-me, portanto, por todas as vezes que assim o não fiz, e dai-me de novo mais graça para sofrer.

Portanto, mais valiosa me é vossa abundante misericórdia para alcançar o perdão dos pecados do que minha pretensa justiça em defesa do que está oculto na consciência.

E mesmo que ela de nada me acuse, nem por isso sou justificado; porque sem a vossa misericórdia "nenhum vivente haverá justo a vossos olhos" (Sl 142, 2).

47. Devem-se suportar todos os males por amor à vida eterna

1. JESUS CRISTO. Filho, não te deixes quebrantar pelos trabalhos empreendidos por meu amor, nem desanimes nas tribulações; mas em tudo que te suceder te consolem e fortifiquem minhas promessas.

Sou assaz poderoso para te recompensar além de todo limite e medida.

Não lidarás aqui muito tempo, nem sempre estarás acabrunhado de dores.

Espera um pouco e verás em breve o fim de teus males.

Hora virá em que cessará todo trabalho e inquietação.

É de pouco valor e duração o que passa com o tempo.

2. Faze o que podes fazer, trabalha fielmente em minha vinha e "eu serei tua recompensa" (Gên 15, 1).

Escreve, lê, canta, geme, cala, ora e sofre varonilmente toda adversidade; a vida eterna é digna dessas e outras maiores pelejas.

Virá a paz um dia que o Senhor sabe e não haverá mais nem dia nem noite, como no presente, mas luz perpétua, claridade infinita, paz firme e seguro repouso.

Não dirás então: "Quem me livrará deste corpo de morte?" (Rom 7, 24), nem exclamarás: "Ai de mim, que se tem prolongado o meu desterro!" (Sl 119, 5).

Porque a morte será destruída e a salvação será eterna; livre de toda ansiedade, gozarão deliciosa alegria, em meio de agradável e brilhante companhia.

3. Oh! Se visses as coroas imarcescíveis dos santos no céu e a glória em que já exultam aqueles que outrora, aos olhos do mundo, eram desprezados e reputados quase indignos da vida, com certeza, logo te humilharias até ao pó e desejarias antes obedecer a todos do que a um só mandar.

Nem cobiçarias os dias felizes desta vida, mas antes te alegrarias de ser atribulado por amor de Deus e considerarias grande vantagem o ser tido por nada entre os homens.

4. Oh! Se achasses gosto nessas coisas e elas penetrassem profundamente no coração, como poderias ousar proferir uma só queixa?

Porventura haverá pena que não se deva sofrer pela vida eterna?

Certo que não é pouco perder ou ganhar o reino de Deus.

Ergue, pois, os olhos ao céu.

Eis-me aqui com todos os meus santos; eles, que neste mundo sustentaram grandes combates, ora se rejubilam, ora estão consolados e estão seguros, ora gozam o repouso e permanecerão para sempre comigo no reino de meu Pai.

48. O dia da eternidade e as angústias desta vida

1. ALMA FIEL. Ó mansão beatíssima da celestial cidade!

Ó dia claríssimo da eternidade, que a noite não obscurece, mas a Verdade soberana sempre ilumina; dia sempre festivo, sempre seguro, que nunca muda no contrário!

Oxalá amanheça aquele dia e acabem todas as coisas temporais!

Para os santos, sim, brilha este dia com o fulgor de sua perpétua claridade; para nós, peregrinos da terra, só de longe se mostra e como por espelho.

2. Sabem os cidadãos do céu quão ditoso é aquele dia; sentem os desterrados filhos de Eva quão triste e amargo é este da vida presente.

Os dias deste tempo são curtos e maus, cheios de dores e angústias.

Neles se vê o homem manchado de muitos pecados, enredado em muitas paixões, angustiado de muitos temores, inquietado com muitos cuidados, distraído com muitas curiosidades, emaranhado em muitas vaidades, cercado de muitos erros, oprimido de muitos trabalhos, acossado por tentações, enervado pelas delícias, atormentado pela penúria.

3. Oh! Quando virá o fim de todos estes males?

Quando me verei livre da triste escravidão dos vícios?

Quando me lembrarei somente de Vós, Senhor?

Quando em Vós plenamente me alegrarei?

Quando viverei em perfeita liberdade, sem nenhum impedimento, sem aflição da alma e do corpo?

Quando gozarei a paz sólida, imperturbável e segura, paz interna e externa, paz de toda parte estável?

Ó bom Jesus, quando estarei diante de Vós para vos ver?

Quando contemplarei a glória do vosso reino?

Quando me sereis tudo em todas as coisas?

Oh! quando estarei convosco no reino que preparastes desde toda a eternidade para os que vos amam?

Pobre e desterrado estou, em terra de inimigos, onde há guerras contínuas e misérias extremas!

4. Consolai-me no meu desterro,mitigai-me a dor, para Vós se dirige todo o meu desejo.

Tudo quanto o mundo oferece de consolo é para mim tormento.

Desejo gozar-Vos intimamente, mas não o consigo,

Desejo aplicar-me às coisas do céu, mas as coisas temporais e as paixões imortificadas me abatem.

Com o espírito desejava elevar-me acima de todas as coisas, mas a carne me obriga a sujeitar-me a elas contra a minha vontade.

Assim eu, homem desgraçado, pelejo comigo e "sou a mim mesmo pesado" (Jo 7, 20), pois o espírito aspira às alturas, mas a carne às baixezas.

5. Oh! Quanto padeço interiormente, quando, ao meditar nas coisas celestiais, logo uma multidão de idéias carnais vêem perturbar-me o coração!

"Deus meu, em vossa ira, não vos aparteis de vosso servo!" (Sl 26, 9).

"Lançai os vossos raios e dissipai estes pensamentos!" (Sl 143, 6).

Despedi vossas flechas e se desfarão todos esses fantasmas do inimigo.

Concentrai e recolhei em Vós meus sentidos; fazei-me esquecer todas as coisas do mundo; concedei-me a graça de logo rebater e desprezar todas as imaginações do pecado.

Socorrei-me, Verdade eterna, para que nenhuma vaidade me possa seduzir.

Vinde, doçura celestial, e diante de vós fuja toda impureza.

Perdoai-me também, e relevai-me, pela vossa misericórdia, todas as vezes que, na oração, penso em outra coisa, fora de vós.

Confesso sinceramente que costumo ser muito distraído.

Pois muitas vezes não estou onde tenho o corpo, mas onde me levam os pensamentos.

Estou onde está o meu pensamento, e meu pensamento está, de ordinário, onde está o que amo.

Ocorre-me com facilidade o que naturalmente me deleita ou por costume me agrada.

6. Por isso, vós, Verdade eterna, dissestes claramente: "Onde está teu tesouro, aí se acha também teu coração" (Mt 6, 21).

Se amo o céu, gosto de pensar nas coisas celestiais.

Se amo o mundo, alegro-me com seus deleites e entristeço-me com suas adversidades.

Se amo a carne, com gosto me ocupo dos pensamentos carnais.

Se amo o espírito, deleita-me o pensar nas coisas espirituais.

Porque, seja qual for o objeto do meu amor, dele falo e ouço falar com gosto, e trago comigo a sua imagem.

Mas bem-aventurado o homem que por amor de Vós, Senhor, abre mão de todas as criaturas, faz violência à natureza e crucifica a concupiscência da carne com o fervor do espírito, para, de consciência serena, oferecer-Vos uma oração pura e, desprendido interior e exteriormente de tudo que é terreno, merecer entrar no coro dos anjos.

49. O desejo da vida eterna e a grandeza dos bens prometidos aos que combatem

1. JESUS CRISTO. Filho, quando sentires que o céu te inspira saudades da bem-aventurança e o desejo de deixar o tabernáculo do corpo para contemplar minha glória sem sombra de mudanças, alarga o teu coração e recebe esta santa inspiração com todo afeto.

Dá muitas graças à Bondade soberana, que usa tanta liberdade para contigo, com tanta clemência de visita, tanto te anima, tão poderosamente te levanta, para que teu próprio peso não te arraste para as coisas terrenas.

Pois isso não te vem por teus pensamentos ou esforços, mas só pela mercê da graça celeste e do beneplácito divino para que te adiantes nas virtudes, sobretudo na humildade, e te prepares para futuras pelejas; para que te entregues a mim com todo o afeto do teu coração e me sirvas com ardente amor.

2. Filho, muitas vezes arde o fogo, mas não sobe a chama sem fumo.

Assim, também os desejos de alguns se abrasam pelas coisas celestiais e, contudo, não estão livres da tentação e dos afetos carnais.

Por isso não fazem unicamente pela glória de Deus o que, aliás, com tanto desejo lhe pedem.

Tal é também muitas vezes teu desejo, que manifestaste com

tanta ansiedade; pois não é puro nem perfeito o que está contaminado de algum interesse próprio.

3. Pede-me, não o que te é agradável e cômodo, senão o que a mim me é aceito e honroso; pois, se julgares com acerto, deves preferir minha lei a todos os teus desejos e cumpri-la,

Conheço teus desejos e ouvi teus freqüentes gemidos.

Quiseras já agora estar na gloriosa liberdade dos filhos de Deus, já te deleita o pensamento da morada eterna, na pátria celestial repleta de gozo; mas não é ainda chegada essa hora, outro é o tempo atual, tempo de guerra, trabalho e provação.

Desejas gozar a plenitude do Sumo Bem, mas por enquanto ainda não o podes conseguir.

Sou eu esse bem Supremo; espera-me, diz o Senhor, até que venha o reino de Deus.

4. Hás de passar ainda por muitas provações na terra e ser exercitado em muitas coisas.

Consolações te darão de vez em quando, mas plena satisfação não podes receber.

Esforça-te, pois, e tem coragem, para fazer e sofrer o que repugna à natureza.

Importa que te revistas do homem novo e te transformes em outro homem.

Cumpre-te fazer muitas vezes o que não queres e renunciar ao que queres.

O que agrada aos outros terá bom sucesso; o que te agrada não se fará.

O que os outros dizem está atendido; o que tu fazes será desprezado.

Pedirão os outros e receberão; tu pedirás e não alcançarás.

5. Serão grandes os outros na boca dos homens; mas de ti nem se dirá palavra.

Os outros serão incumbidos de diversos encargos e tu não serás julgado capaz de coisa alguma.

Com isso se contristará, às vezes, a natureza; mas muito ganharás, se o sofreres calado.

Nessas e noutras coisas semelhantes, costuma ser aprovado o servo fiel do Senhor, para ver como sabe negar-se e mortificar em tudo.

Dificilmente haverá coisa em que mais te seja preciso morrer a ti mesmo, do que em ver e sofrer o que é contrário à tua vontade, mormente quando te mandam fazer coisas que te parecem inúteis ou desarrazoadas.

E porque não ousas resistir à autoridade do superior, sob cujo governo estás, duro te parece o andar à vontade de outrem e deixar de todo o teu próprio parecer.

6. Mas considera, filho, o fruto desses trabalhos, o fim breve e o prêmio excessivamente grande, e não te serão molestos, mas acharás neles consolo para teus sofrimentos.

Pois, por um pequeno desejo que agora sacrificas, tua vontade será sempre satisfeita no céu, onde acharás tudo que quiseres, tudo o que podes desejar.

Ali possuirás todo o bem, sem medo de o perder.

Ali tua vontade, sempre unida com a minha, nada desejará fora de mim, nada que te seja próprio.

Ali ninguém te fará oposição ou de ti se queixará, ninguém te causará estorvo ou contrariedades; antes, tudo quanto desejares já estará presente, para preencher e satisfazer plenamente todos os teus desejos.

Ali te darei a glória pela injúria padecida, uma túnica de honra pela tristeza e, pela escolha do ínfimo lugar, um trono em meu reino para sempre.

Ali brilhará o fruto da obediência, alegrar-se-á a austera penitência e será gloriosamente coroada a sujeição humilde.

7. Sujeita-te, pois, agora, humildemente, à vontade de todos, sem te importar quem foi que tal disse ou mandou.

Mas cuida muito em acolher de bom grado qualquer pedido ou aceno, seja de teu superior, ou de teu igual, ou inferior, e trata de o cumprir com sincera vontade.

Que um busque isso, outro aquilo; glorie-se esse numa coisa, aquele em outra, e receba mil louvores; tu, porém, não te deleites numa nem noutra coisa, mas só no desprezo de ti mesmo e na minha vontade e glória.

Este deve ser o teu desejo: que tanto na vida como na morte Deus seja sempre por ti glorificado.

50. O homem angustiado deve entregar-se nas mãos de Deus

1. ALMA FIEL. Senhor Deus, Pai santo, agora e para sempre sejais bendito; porque, como quereis, assim foi feito, e tudo o que fazeis é bom.

Alegra-se vosso servo em Vós, não em si nem em algum outro;

porque só Vós, Senhor, sois a verdadeira alegria; Vós sois minha esperança, a minha coroa, minha felicidade e minha glória.

Que tem o vosso servo, senão o que de Vós recebeu e ainda sem o ter merecido?

Tudo é vosso, quanto destes e fizestes.

"Pobre sou e cheio de trabalhos desde minha juventude" (Sl 87,16); e minha alma se entristece algumas vezes até às lágrimas; outras vezes se perturba por causa das paixões que a ameaçam.

2. Desejo a alegria da paz, imploro a paz dos vossos filhos, a quem apascentais na luz das vossas consolações.

Se me derdes a paz, se me infundirdes a santa alegria, ficará a alma de vosso servo cheia de doce melodia; cantará fervorosamente vossos louvores.

Porém se Vós Vos retirardes, como tantas vezes costumais fazer, ela não poderá correr pelo caminho de vossos mandamentos; só lhe restará pôr-se de joelhos e bater no peito, porque não lhe vão as coisas como ontem e anteontem, quando vossa luz resplandecia sobre sua cabeça, e a sombra de vosso servo sofre alguma coisa por novo assalto das tentações.

3. Pai justo e sempre digno de louvor, é chegada a hora da provação para o vosso servo.

Pai amável, justo é que nesta hora vosso servo sofra alguma coisa por vosso amor.

Pai eternamente adorável, chegou a hora que havíeis previsto desde a eternidade, em que por algum tempo há de sucumbir o vosso servo exteriormente, mas para interiormente viver sempre convosco.

Esse que, por um pouco de tempo, será vilipendiado, humilhado, abatido diante dos homens, triturado de sofrimentos e enfermidades, para de novo ressuscitar convosco na aurora da nova luz e ser glorificado no céu.

Pai santo, Vós assim o ordenastes e assim o quisestes; e cumpriu-se o que mandastes.

4. É uma graça que fazeis a vossos amigos, permitir que padeçam e sejam atribulados por vosso amor neste mundo, quantas vezes e por qualquer pessoa que vossa sabedoria permitir.

Nada acontece na terra sem razão, sem desígnio e sem ordem de vossa Providência.

Senhor, "é para mim um bem que me tenhais humilhado, para que eu aprenda vossos justos juízos" (Sl 118, 71) e desterre do meu coração toda a soberba e presunção.

É útil para mim que o meu rosto se haja coberto de confusão, para que procure a consolação antes em Vós que nos homens.

Também aprendi nisto a temer vossos imperscrutáveis juízos, segundo os quais afligis o justo e o ímpio, mas sempre com eqüidade e justiça.

5. Graças a Vós, Senhor, que não poupastes minhas maldades, antes me castigais com duros açoites, enviando-me dores e afligindo-me exterior e interiormente de angústias.

De tudo quanto existe debaixo do sol, nada há capaz de me consolar, senão Vós, Senhor meu Deus, médico celestial das almas, que feris e sanais, pondes em grandes tormentos e deles livrais" (1 Rs 2, 6; Tob 13, 2).

"Vosso castigo está sobre mim e vossa disciplina me ensinará" (Sl 17, 36).

6. Pai querido, em vossas mãos estou e me inclino debaixo da vara de vossa correção.

Feri-me as costas e o pescoço, para que sujeite minha vontade teimosa à vossa.

Fazei-me discípulo devoto e humilde, como sabeis fazer, para que obedeça ao vosso menor aceno.

Entrego-me, com tudo o que é meu, à vossa correção; pois é melhor ser castigado neste mundo que no outro.

Vós sabeis tudo e todas as coisas e nada se vos esconde da consciência humana.

Vós sabeis o futuro antes que se realize e não precisais de quem vos ensine ou advirta das coisas que se fazem na terra.

Vós sabeis o que serve para meu progresso e o quanto vale a tribulação, para limpar a ferrugem dos vícios.

Disponde de mim segundo o vosso beneplácito e não olheis para a minha vida pecaminosa, de ninguém melhor e mais claramente conhecida do que de vós.

7. Concedei-me, Senhor, que eu saiba o que devo saber, ame o que devo amar; fazei-me louvar o que mais vos agrada, estimar o que vós apreciais, desprezar o que a vossos olhos é abjeto.

Não me deixeis julgar pelas aparências exteriores, nem criticar pelo que ouço de homens inexperientes, mas dai-me o discernimento certo das coisas visíveis e das espirituais e, sobretudo, o desejo de conhecer sempre vossa vontade.

8. Enganam-se, freqüentemente, os homens em seus juízos e não menos se enganam os mundanos, porque só amam as coisas

visíveis. Porventura ficará melhor o homem porque outro o louva?

O mentiroso engana ao mentiroso, o vaidoso ao vaidoso, o cego ao cego, o doente ao doente, em lhe fazendo elogios; e, na verdade, antes o confunde em lhe tecendo vãos louvores.

Porque, aquilo que cada um é aos olhos de Deus é só isso e nada mais — diz o humilde São Francisco.

51. Devemos ocupar-nos de obras humildes quando nos faltam forças para as mais elevadas

1. JESUS CRISTO. Filho, não podes conservar-te sempre no desejo fervoroso das virtudes, nem perseverar no mais alto grau da contemplação; porém é necessário, por causa da corrupção original, que desças algumas vezes às coisas inferiores e leves, ainda que te pese e enfastie, o fardo dessa vida corruptível.

Enquanto viveres nesse corpo mortal, sentirás tédio e angústias de coração.

É necessário, pois, que, revestido de carne, gemas muitas vezes sob o peso da carne: porque não podes aplicar-te continuamente aos exercícios espirituais e à divina contemplação.

2. Então te convém procurar refúgio nas ocupações exteriores e humildes e distrair-te com boas obras; esperar com firme confiança minha vinda e celestial visita; sofrer com paciência o teu desterro e aridez de alma, até que eu venha de novo visitar-te e te livre de todas as tuas inquietações.

Far-te-ei esquecer os teus sofrimentos e gozar de serenidade interior.

Exporei à tua visita os prados das Escrituras, para que, com o coração dilatado, comeces a correr no caminho de meus mandamentos.

"Não têm proporção os sofrimentos da vida presente com a glória futura que em nós será manifestada" (Rom 8, 18).

52. O homem não deve se julgar digno de consolação, mas sim de castigo

1. ALMA FIEL. Senhor, não sou digno de que me consoleis, nem que me visiteis algumas vezes espiritualmente; e por isso me tratais com justiça, quando me deixais pobre e desconsolado.

Ainda que pudesse derramar um mar de lágrimas, nem por isso seria digno de vossas consolações.

Nada mais mereço que ser afligido e castigado; porque Vos ofendi gravemente, e muitas vezes e de mil maneiras pequei.

Assim, tudo bem ponderado, acho-me indigno da menor de vossas consolações.

Mas Vós, Deus clemente e misericordioso, que não quereis que vossas obras pereçam, para manifestar as riquezas de vossa bondade em vasos de misericórdia, Vos dignais consolar o vosso servo além do que ele merece e de um modo sobre-humano.

Porque vossas consolações não são como as vãs palavras dos homens.

2. Que fiz eu, Senhor, para que me désseis alguma parte nas consolações do céu?

Não me lembro de haver feito bem algum; pelo contrário, fui sempre inclinado ao vício e displicente em emendar-me.

Isso é verdade, nem eu posso negá-lo.

Se dissesse o contrário, Vós Vos levantaríeis contra mim e não haveria quem me defendesse.

Que mereço por meus pecados, senão o inferno e o fogo eterno?

Em verdade confesso que sou digno de todo escárnio e desprezo, nem mereço ser contado entre os vossos servos.

E ainda que me seja penoso ouvi-lo, não deixarei, a bem da verdade, de acusar meus pecados contra mim mesmo, para que mais facilmente mereça alcançar a vossa misericórdia.

3. Que direi eu, sendo réu e coberto de confusão?

Não posso abrir a boca senão para dizer esta só palavra: "Pequei, Senhor, pequei! Tende piedade de mim, perdoai-me!"

"Dai-me algum tempo para que desafogue a minha dor, antes que vá para a região tenebrosa e coberta das sombras da morte" (Jó 10, 21-22).

Que é o que principalmente exigis de um réu, de um miserável pecador, senão que se arrependa e humilhe por seus pecados?

O verdadeiro arrependimento e humildade de coração fazem nascer a esperança do perdão, reconciliam a consciência perturbada, reparam a graça perdida, preservam o homem da ira futura; e então é que se juntam, no ósculo santo, Deus e a alma contrita.

4. Esta dor humilde dos pecados é para Vós, Senhor, um sacrifício agradável, e de muito mais suave perfume que o aroma do incenso.

É também o ungüento precioso que quisestes fosse derramado

sobre vossos sagrados pés; porque não desprezastes nunca um coração contrito e humilhado.

Aí é que se encontra o lugar de refúgio contra o furor do inimigo; nele se emenda e purifica o pecado de todas as manchas contraídas em qualquer parte.

53. A graça de Deus não se comunica aos que gostam das coisas da Terra

1. JESUS CRISTO. Filho, preciosa é a minha graça; não sofre mistura de coisas estranhas, nem de consolações terrenas.

Cumpre, pois, remover todos os impedimentos da graça, se desejas que te seja infundida.

Busca lugar retirado, toma gosto de viver só contigo e não procures conversa com os outros, mas a Deus dirige tua oração fervorosa, para que te conserve na compunção de espírito e pureza da consciência.

Dá ao mundo inteiro o valor de nada; antepõe o serviço de Deus a todas as coisas exteriores.

Pois não podes há um tempo tratar comigo e deleitar-te nas coisas transitórias.

Cumpre-te afastar dos conhecidos e amigos e desprenderes teu coração de toda consolação temporal.

Assim exorta também instantaneamente o apóstolo São Pedro, pregando que os fiéis cristão "vivam neste mundo como estrangeiros e peregrinos" (1 Pdr 2, 11).

2. Oh! Quanta confiança terá aquele moribundo que não tem afeição a coisa alguma do mundo!

Mas o espírito enfermo não compreende o desprender assim o coração de tudo, bem como o homem carnal não conhece a liberdade do homem interior.

Entretanto, se quiser ser verdadeiramente espiritual, cumpre-lhe renunciar aos estranhos como aos parentes e de ninguém mais guardar-se do que de si mesmo.

Se te venceres perfeitamente a ti mesmo, tudo o mais sujeitarás com facilidade.

Pois a perfeita vitória é triunfar de si mesmo.

Porque aquele que se domina a tal ponto, que os sentidos obedeçam à razão e a razão lhe obedeça em todas as coisas, este é realmente vencedor de si mesmo e senhor do mundo.

3. Se aspiras a galgar essas alturas, cumpre-te começar varonilmente e golpear a raiz com o machado, para que arranques e cortes o secreto e desordenado apego que tens a ti mesmo e a todo bem particular e sensível.

Desse vício do amor excessivo e desordenado que o homem tem a si mesmo provém quase tudo que radicalmente se há de vencer; vencido esse, e subjugado, logo haverá grande paz e tranqüilidade estável.

Mas já que poucos tratam de eliminar de si mesmos tal vício e desapegar-se de si, ficam presos em si mesmos e não se podem erguer em espírito acima de si.

A quem, todavia, deseja livremente seguir-me, cumpre-lhe mortificar todos seus maus e desordenados afetos e não se prender, com amor apaixonado, a criatura alguma.

54. Os diversos movimentos da natureza e da graça

1. JESUS CRISTO. Filho, observa com diligência os movimentos da natureza e da graça, pois são opostos uns aos outros e tão sutis que só a custo podem ser discernidos, mesmo por um homem espiritual e interiormente iluminado.

Todos, sem dúvida, desejam o bem e intentam algum bem nas suas palavras e obras; por isso se enganam muito com a aparência do bem.

A natureza é astuta; a muitos atrai, enreda e engana, e não tem outra coisa em mira senão a si mesma.

Mas a graça anda com simplicidade, evita a menor aparência do mal, não usa de enganos e tudo faz puramente por Deus, no qual descansa como em seu último fim.

2. A natureza tem horror à mortificação, não quer ser oprimida, nem vencida, nem sujeita, nem submeter-se voluntariamente a outrem.

A graça, porém, aplica-se à mortificação própria, resiste à sensualidade, quer estar sujeita, deseja ser vencida e não quer usar da própria liberdade; gosta de estar sob a disciplina, não cobiça dominar os outros, mas quer viver, ficar e permanecer sempre debaixo da mão de Deus, sempre pronta, por amor de Deus, a se curvar humildemente a toda criatura humana.

A natureza trabalha por seu próprio interesse e só atenta ao lucro que de outrem lhe pode advir.

A graça, porém, indica não aquilo que lhe seja útil ou cômodo, mas o que a muitos seja proveitoso.

A natureza gosta de receber honras e homenagens; a graça, porém, refere fielmente a Deus toda a honra e glória.

3. A natureza teme a confusão e desprezo; mas a graça alegra-se de sofrer injúrias pelo amor de Jesus.

A natureza aprecia a ociosidade e o bem-estar do corpo; a graça, porém, não pode estar ociosa e abraça com prazer o trabalho.

A natureza gosta de possuir coisas esquisitas e lindas e aborrece as vis e grosseiras; mas a graça se compraz nas simples e modestas, não despreza as ásperas, nem recusa vestir-se de hábito velho.

A natureza cuida dos bens temporais, alegra-se por um lucro pequeno, entristece-se com um prejuízo e irrita-se com uma palavrinha injuriosa.

A graça, porém, cuida das coisas eternas, não se apega às temporais, não se perturba com a sua perda, nem se ofende com palavras ásperas; porquanto pôs o seu tesouro e sua glória no céu, onde nada perece.

4. A natureza é cobiçosa, antes quer receber do que dar; gosta de ter coisas próprias e particulares.

Mas a graça nos conduz a Deus e às virtudes, renuncia às criaturas, foge do mundo, detesta os apetites carnais, restringe as vagueações e peja-se de aparecer em público.

A natureza gosta de ter qualquer consolação exterior com que deleite os sentidos.

A graça, porém, só em Deus procura seu consolo e se delicia no sumo bem, mais que em todas as coisas visíveis.

5. A natureza tudo faz para seu próprio interesse e proveito, nada sabe fazer de graça, mas espera sempre pelo bem que faz receber outro tanto ou melhor em elogios ou favores e deseja que se faça grande caso de seus efeitos e dons.

A graça, porém, não busca nenhuma coisa temporal, nem deseja outro prêmio, senão Deus só, e do temporal não deseja mais do que quanto lhe possa servir para conseguir a vida eterna.

6. A natureza preza-se de muitos amigos e parentes, ufana-se de sua posição elevada e linguagem ilustre, procura agradar aos poderosos, lisonjeia os ricos, aplaude os seus iguais.

A graça, porém, ama os próprios inimigos, não se gaba do

grande número de seus amigos, não faz caso de posição e nobreza, se lhes não vê unida maior virtude.

Favorece mais ao pobre que ao rico, tem mais compaixão do inocente do que do poderoso, alegra-se com o sincero, e não com o mentiroso.

Estimula sempre os bons a maiores progressos, para que se assemelhem, pelas virtudes, ao Filho de Deus.

A natureza logo se queixa da penúria e do trabalho.

A graça sofre com paciência a pobreza.

7. A natureza atribui tudo a si, em seu proveito peleja e porfia.

A graça, porém, atribui tudo a Deus, de quem tudo dimana como de sua origem; nenhum bem atribui a si com arrogante presunção, não questiona, nem prefere a sua opinião à dos outros, mas, em todo juízo e parecer, sujeita-se à sabedoria eterna e ao divino exame.

A natureza deseja saber segredos e ouvir novidades, quer exibir-se em público e experimentar muitas coisas pelos sentidos; deseja ser conhecida e fazer aquilo de que lhe resultem louvor e admiração.

A graça não cuida de novidades e curiosidades, porque tudo isso nasce da corrupção antiga, pois nada há de novo e estável sobre a terra.

Ensina, pois, a refrear os sentidos, a evitar a vã complacência e ostentação, a ocultar humildemente o que provoque admiração e louvor, busca em todas as coisas e ciências proveito espiritual e a honra e glória de Deus.

Não quer que a louvem, nem às suas obras, mas que Deus seja bendito em seus dons, que ele prodigaliza a todos por mera bondade.

8. A graça é uma luz sobrenatural e um dom especial de Deus; é propriamente o sinal dos escolhidos e o penhor da salvação eterna, pois eleva o homem das coisas terrenas ao amor das celestiais, e de carnal o torna espiritual.

Quanto mais, pois, é oprimida e dominada a natureza, tanto maior graça é infundida e tanto mais cada dia é renovado o homem interior, conforme a imagem de Deus.

55. A corrupção da natureza e a eficácia da graça divina

1. ALMA FIEL. Senhor, meu Deus, que me criastes à vossa imagem e semelhança, concedei-me a graça que declarastes ser tão

importante e necessária para a salvação: que eu vença minha má natureza, que me arrasta ao pecado e à perdição.

Porque sinto em minha carne a lei do pecado, que é contrária à lei do espírito e me cativa, querendo me levar a obedecer, em muitas coisas, à sensualidade; nem poderei resistir às paixões, se não me assistir vossa santíssima graça e me inflamar o coração.

2. É necessária vossa graça, e grande graça, para vencer a natureza, propensa sempre ao mal desde a infância.

Porque, viciada pelo primeiro homem, Adão, e corrompida pelo pecado, transmite a todos os homens a pena dessa mancha, de sorte que a mesma natureza, por vós criada boa e reta, agora deve ser considerada como enferma e enfraquecida pela corrupção, visto que seus movimentos, abandonados a si mesmos, a arrastam ao mal e às coisas baixas.

Porque a módica força que lhe ficou é como uma centelha oculta debaixo da cinza.

Esta centelha é a razão natural, que, embora envolta em densas trevas, discerne ainda o bem do mal, a verdade do erro, mas não é capaz de fazer tudo que aprova, já que não possui a plena luz da verdade, nem a primitiva pureza de seus afetos.

3. Daí vem, ó meu Deus, que "segundo o homem interior me deleito em vossa lei" (Rom 7, 22), sabendo que vosso mandato é bom, justo e santo, que reprova todo mal e ensina que se deve fugir ao pecado.

Segundo a carne, porém, estou escravizado à lei do pecado, pois obedeço mais à sensualidade que à razão.

Daí vem que "tenho vontade de fazer o bem, mas não sei realizá-lo" (Rom 7, 18).

Por isso faço muitos bons propósitos, mas faltando-me vossa graça que auxilie minha fraqueza, com o menor obstáculo desfaleço e desisto.

Assim sucede que bem conheço o caminho da perfeição e vejo claramente o que devo fazer.

Entretanto, oprimido com o peso da corrupção, não me elevo ao que é mais perfeito.

4. Oh! Como me é necessária, Senhor, vossa graça, para começar, continuar e completar o bem.

Porque sem ela nada posso fazer, mas tudo posso em Vós, se me confortar vossa graça.

Ó graça verdadeiramente celestial, sem a qual nada valem os próprios merecimentos, nem apreço merecem os dons naturais!

Nada valem diante de vós, Senhor, as artes e a riqueza, a formosura e a fortaleza, o engenho e a eloqüência — sem a graça.

Porque os dons da natureza são comuns aos bons e aos maus; mas a graça ou caridade é peculiar dos escolhidos, porque os torna dignos da vida eterna.

Tão excelente é essa graça, que nem o dom da profecia, nem o poder de fazer milagres, nem a mais alta contemplação tem valor algum sem ela.

Nem mesmo a fé, nem a esperança, nem as outras virtudes vos agradam, sem a graça e sem a caridade.

5. Ó graça beatíssima, que fazes rico de virtudes o pobre de espírito e tornas humilde de coração o rico dos bens de fortunas: vem, desce sobre mim e enche minha alma de tua consolação, para que não desfaleça, de cansaço e aridez, meu espírito.

Suplico-vos, Senhor, que eu ache graça em vossos olhos, porque me basta a vossa graça, embora me falte tudo o que deseja a natureza.

Ainda que seja tentado e vexado com muitas tribulações, nada temerei, enquanto estiver comigo a vossa graça.

Ela é a minha fortaleza, meu conselho e amparo, mais poderosa que todos os inimigos e mais sábia que todos os sábios.

6. A graça é a mestra da verdade e da disciplina, a luz do coração e o alívio nas tribulações; afugenta a tristeza, dissipa o temor, alimenta a devoção, gera santas lágrimas.

Que sou eu sem ela, senão lenho seco, tronco inútil que se atira ao fogo?

Previna-me, pois, Senhor, a vossa graça e me acompanhe sempre e me conserve continuamente na prática das boas obras, por Jesus Cristo, vosso Filho. Amém.

56. Devemos renunciar a nós mesmos e imitar Cristo pela cruz

1. JESUS CRISTO. Quanto mais saíres de ti mesmo, tanto mais poderás chegar-te a mim.

Assim como o não desejar coisa alguma exterior produz paz interior, assim o desprendimento interior de si mesmo causa a união com Deus.

Quero que aprendas a perfeita abnegação de ti mesmo, submetendo-te, sem resistência e sem queixas, à minha vontade.

"Segue-me, eu sou o caminho, a verdade e a vida" (Jo 14, 6).

Sem caminho não se anda, sem verdade não se conhece, sem vida não se vive.

Eu sou o caminho que deves seguir, a verdade que deves crer, a vida que deves esperar.

Eu sou o caminho seguro, a verdade infalível, a vida interminável.

Eu sou o caminho direito, a verdade suprema, a vida verdadeira, a vida ditosa, a vida incriada.

Se perseverares no meu caminho, conhecerás a verdade, e a verdade te livrará e alcançarás a vida eterna.

2. "Se queres entrar na vida, guarda os mandamentos" (Mt 19, 17),

Se queres conhecer a verdade, crê em mim.

"Se queres ser perfeito, vende tudo" (Mt 19, 21),

Se queres ser meu discípulo, renuncia a ti mesmo.

Se queres possuir a vida bem-aventurada, despreza a presente.

Se queres ser exaltado no céu, humilha-te na terra.

Se queres reinar comigo, carrega comigo a cruz, porque só os servos da cruz acham o caminho da bem-aventurança e da luz verdadeira.

3. ALMA FIEL. Senhor, Jesus Cristo, porque vossa vida foi tão oprimida e desprezada no mundo, concedei-me o imitar-vos com o desprezo do mundo.

"Pois o servo não é maior que seu senhor, nem o discípulo mais do que o mestre" (Mt 10, 24).

Trabalhe vosso servo por conformar-me à vossa vida, porque nela está a minha salvação e a verdadeira santidade.

Tudo quanto fora dela leio ou ouço não me pode recrear ou deleitar plenamente.

4. JESUS CRISTO. Filho, pois que sabes e lês todas essas coisas, bem-aventurado serás se as puseres em prática.

"Quem conhece os meus mandamentos e os guarda, esse é o que me ama; também eu o amarei e me manifestarei a ele" (Jo 14, 21) e o farei assentar comigo no reino de meu Pai.

5. ALMA FIEL. Senhor Jesus, faça-me em mim segundo vossa palavra e promessa e seja-me dado merecê-lo.

Recebi a cruz, da vossa mão a recebi; hei de carregá-la, carregar até à morte, como vós a impusestes a mim.

Na verdade, a vida do bom religioso é uma cruz, mas o conduz ao Paraíso.

O começo está feito; não posso voltar atrás sem desistir.

6. Eia, irmãos, marchemos unidos, Jesus está conosco, por Jesus abraçamos a cruz, por Jesus queremos nela perseverar.

Ele, que é nosso chefe e guia, será também nosso auxílio.

Eis o nosso Rei, que marcha à nossa frente. Ele por nós combaterá.

Varonilmente queremos segui-lo, ninguém se espante; estejamos prontos para morrer, com denodo, no combate, e não manchemos nossa glória, desertando da cruz.

57. Não deve o homem desanimar, quando cai em alguma falta

1. JESUS CRISTO. Filho, mais me agradam a paciência e humildade nos reveses que a muita consolação e fervor nas prosperidades.

Por que te entristece uma simples coisa que contra ti disseram?

Ainda que fosse maior, não te deverias ter perturbado.

Deixa passar isso agora, não é novidade; não é a primeira vez, nem será a última, se muito tempo viveres.

Mas valoroso és, enquanto te não sucede alguma adversidade.

Sabes até dar bons conselhos e acalentar os outros com tuas palavras; mas quando bate, de improviso, à tua porta a tribulação, logo te falta conselho e fortaleza.

Considera tua grande fraqueza, que tantas vezes experimentas nas pequenas coisas; todavia, é para tua salvação que isso e semelhantes coisas acontecem.

2. Procura esquecê-lo como melhor souberes e, se te impressionou, não te abale nem te perturbe muito tempo.

Sofre ao menos com paciência o que não podes sofrer com alegria.

Ainda que te custe ouvir esta ou aquela palavra e te sintas indignado, modera-te, e não deixes escapar da tua boca alguma expressão despropositada, com que os pequenos se poderiam escandalizar.

Logo se acalmará a tempestade em teu coração e a dor se converterá em doçura, com a volta da graça.

Eu ainda vivo, diz o Senhor, pronto para te ajudar e consolar, mais do que nunca, se em mim confiares e me invocares com fervor.

3. Sê mais corajoso e prepara-te para suportar coisas maiores.

Nem tudo está perdido por te sentires amiúde tribulado e gravemente tentado.

Homem és e não Deus; carne és e não anjo.

Como poderás perseverar sempre no mesmo estado de virtude, se tal não pôde o anjo do céu, nem o primeiro homem no paraíso?

Eu sou o que levanta os aflitos e os salvo. Elevo à minha divindade os que conhecem as suas fraquezas.

4. ALMA FIEL. Senhor, bendita seja a vossa palavra, mais doce na minha boca que um favo de mel.

Que seria de mim em tantas tribulações e angústias, se vós me não confortásseis com vossas santas palavras?

Contanto que chegue afinal ao porto de salvação, que importa o que e quanto tiver sofrido?

Concedei-me bom fim, ditoso trânsito deste mundo.

Lembrai-vos de mim, meu Deus, e conduzi-me pelo caminho reto ao vosso reino! Amém.

58. Não se devem perscrutar as coisas sublimes e os ocultos juízos de Deus

1. JESUS CRISTO. Filho, evita discutir sobre assuntos altos e os ocultos juízos de Deus; não queiras investigar por que este é deixado em tal estado, aquele elevado a tanta graça, este tão oprimido, aquele tão exaltado.

Isso excede o alcance humano e não há raciocínio nem discussão que possam alcançar os desígnios de Deus.

Quando, pois, o inimigo te sugerir tais pensamentos, ou os curiosos questionarem sobre eles, responde com o profeta: "Sois justo, Senhor, e retos são os vossos juízos" (Sl 118, 37).

Ou ainda: "Os juízos do Senhor são verdadeiros e justificados em si mesmos" (Sl 19, 10).

Meus juízos devem ser temidos e não discutidos, porque são incompreensíveis ao entendimento humano.

2. Não queiras também inquirir ou disputar sobre os méritos dos santos, qual seja o mais santo ou o maior no reino dos céus.

Daí nascem muitas controvérsias e contendas inúteis, que nutrem a soberba e a vanglória, donde procedem invejas e discórdias, porque esse prefere soberbamente um santo, aquele quer dar a preeminência a outro.

Querer saber e investigar tais coisas não traz proveito algum, antes desagrada aos santos, porque "eu não sou Deus de discórdia e sim da paz" (1 Cor 15, 33) e essa paz consiste antes na verdadeira humildade que na própria exaltação.

3. Alguns, por um zelo de predileção, afeiçoam-se mais a este ou àquele santo, mas esse afeto é antes humano que divino.

Sou eu que fiz todos os santos; eu lhes dei a graça, eu lhes outorguei a glória.

Eu sei os merecimentos de cada um, eu os preveni com as bênçãos da minha doçura.

Eu conheci os meus irmãos antes dos séculos, eu os escolhi do mundo, e não eles a mim.

Eu os chamei por minha graça e os atraí por minha misericórdia; eu os fiz passar por várias provações.

Eu os inundei de maravilhosas consolações, dei-lhes a perseverança e coroei a sua paciência.

4. Eu conheço o primeiro e o último e abraço a todos com inestimável amor.

Eu devo ser louvado em todos os meus santos, bendito sobre todas as coisas e honrado em cada um deles, que eu tão gloriosamente exaltei sem prévio merecimento algum de sua parte.

Quem desprezar, pois, um dos menores dos meus deixa também de honrar o maior, porque fui eu que fiz o pequeno e o grande.

E quem menospreza a qualquer dos santos, a mim menospreza e todos os mais que estão no reino dos céus.

Porquanto todos são um pelo veículo da caridade; todos têm o mesmo parecer, o mesmo querer, e amam-se mutuamente com o mesmo amor.

5. Além disso — o que é ainda mais sublime — amam mais a mim que a si e seus merecimentos.

Porque, arrebatados acima de si mesmos e desprendidos de todo amor-próprio, transformaram-se inteiramente no meu amor, no qual descansam com sumo gozo.

Nada há que os possa desviar ou deprimir, porque, repletos da eterna verdade, ardem no fogo inextinguível da caridade.

Calem-se, pois, os homens carnais e sensuais e não discutam sobre o estado dos santos, porque não sabem amar senão seus próprios gozos.

Eles diminuem ou acrescentam conforme a sua inclinação, e não como agrada à eterna Verdade.

6. Em muitos é ignorância, mormente naqueles que, pouco iluminados, raramente sabem amar um santo com amor puramente espiritual.

Leva-os ainda muito a natural afeição e a amizade humana, que os inclina a esse ou àquela e, como se portam nas coisas terrenas, assim se lhes afiguram também as celestiais.

Há, porém, incomparável distância entre o que pensam os imperfeitos e o que alcançam os homens espirituais pela revelação superior.

7. Guarda-te, pois, filho, de discorrer curiosamente sobre coisas que excedem teu entendimento; cuida antes e trata de seres ainda o ínfimo no reino de Deus.

E dado que alguém soubesse quem seja deles o mais santo ou o maior no reino dos céus, que lhe aproveitaria esse conhecimento, se dele não fizesse motivo para humilhar-se diante de mim e louvar mais fervorosamente o meu amor?

Muito mais agrada a Deus quem cuida na grandeza dos seus pecados, na escassez das virtudes e na grande distância que o separa da perfeição dos santos, do que aquele que disputa sobre a maior ou menor glória deles.

Melhor é implorar os santos com devotas orações e lágrimas, suplicar-lhes com humildade de coração sua gloriosa intercessão, que perscrutar, com vã curiosidade, seus segredos.

8. Os santos estão bem contentes e satisfeitos; oxalá também os homens soubessem estar contentes e refrear suas vãs palavras.

Não se gloriam dos próprios merecimentos, pois nenhum bem atribuem a si mesmos, mas tudo referem a mim que lhes dei tudo por infinita caridade.

Tão cheios estão do amor da divindade e de abundantíssima alegria, que nada falta à sua glória, nem pode faltar à sua bemaventurança.

Quanto mais elevados estão os santos na glória, tanto mais humildes são em si mesmos e mais perto de mim e de mim amados.

Por isso lês na Escritura "que depunham suas coroas diante de Deus e se prostravam diante do Cordeiro e adoravam aquele que vive nos séculos dos séculos" (Apoc 4, 10).

9. Muitos perguntam qual seja o maior no reino de Deus e não sabem se serão dignos de ser contados entre os menores.

Grande coisa é ser ainda o menor no céu, onde todos são grandes, porque serão chamados filhos de Deus, e na verdade, o são.

"O menor dos escolhidos será como o cabeça de um povo numeroso" (Is 60, 22), sendo que o "pecador, depois de uma longa vida, só achará a morte" (Is 60, 20).

Assim quando os discípulos perguntaram quem seria o maior no reino dos céus, ouviram esta resposta: "Se não vos converterdes e tornardes como crianças, não entrareis no reino dos céus. Quem, pois, se humilhar como esta criança, esse será o maior no reino dos céus (Mt 8, 34).

10. Ai daqueles que recusam humilhar-se espontaneamente com os pequenos; porque é baixa a porta do reino celeste e não lhes dará entrada.

Ai também dos ricos, que têm neste mundo suas consolações, porque, quando os pobres entrarem no reino de Deus, eles ficarão de fora, chorando.

Regozijai-vos, humildes, e "exultai, pobres, porque vosso é o reino de Deus" (Lc: 6, 20) contanto que andeis no caminho da verdade.

59. Só em Deus se há de pôr toda a esperança e confiança

1. ALMA FIEL. Senhor, que confiança posso eu ter nesta vida, ou qual é minha maior consolação de tudo quanto existe sob o sol?

Não sois vós, Senhor, Deus meu, cuja misericórdia é infinita?

Onde me achei bem sem vós, ou quando passei mal, estando vós presente?

Antes quero ser pobre por vós, que rico sem vós.

Prefiro peregrinar convosco na terra, que sem vós possuir o céu.

Onde vós estais, aí está o céu; e existe a morte e o inferno, onde vós não estais.

Vós sois o alvo de meus desejos, por isso por vós devo gemer, clamar e orar.

Em ninguém, finalmente, posso plenamente confiar que me dê auxílio oportuno em minhas necessidades, senão em vós só, meu Deus.

Vós sois minha esperança, minha confiança, meu consolador fidelíssimo em todas as coisas.

2. "Todos buscam os seus interesses" (Flp 2, 21); vós, porém, só tendes em vista minha salvação e aproveitamento e tudo converteis em bem para mim.

Ainda quando me sujeitais a várias tentações e adversidades, tudo isso ordenais para meu proveito, pois de mil modos costumais provar os vossos amigos.

E nessas provações não menos vos devo amar e louvar, como se me enchêsseis de celestiais consolações.

3. Em vós, portanto, Senhor Deus, é que ponho toda a minha esperança e refúgio; a vós entrego todas as minhas tribulações e angústias; porque tudo quanto vejo fora de vós acho fraco e inconstante.

Nada me aproveitam os muitos amigos, nem me poderão ajudar os homens, nem os prudentes conselheiros me darão conselho útil, nem os livros dos sábios me poderão consolar, nem qualquer tesouro preciso me poderá salvar, nem algum retiro delicioso me proteger, se vós mesmo não me assistis, ajudais, confortais, consolais, instruís e defendeis.

4. Pois tudo o que parece próprio para alcançar a paz e a felicidade nada é sem vós, nem pode trazer-nos a verdadeira felicidade.

Vós sois, pois, o remate de todos os bens, a plenitude da vida, o abismo da ciência; esperar em vós acima de tudo é a maior das consolações dos vossos servos.

A vós, Senhor, levanto os meus olhos, em vós confio, Deus meu, Pai de misericórdia!

Abençoai e santificai minha alma com a bênção celestial, para que seja vossa santa morada, o trono de vossa eterna glória e nada se encontre nesse tempo da vossa divindade que possa ofender os olhos de vossa majestade.

Olhai para mim segundo a grandeza de vossa bondade e a multidão de vossas misericórdias, e ouvi a oração do vosso pobre servo desterrado tão longe, na sombria região da morte.

Protegei e conservai a alma do vosso mísero servo entre os muitos perigos desta vida corruptível, e com a assistência de vossa graça guiai-o pelo caminho da paz à pátria da perpétua claridade. Amém.

140

Devota exortação à Sagrada Comunhão

Voz de Cristo

"Vinde a mim todos os que estais cansados e sobrecarregados, e eu vos aliviarei" (Mt 11, 28).

"O pão que eu vos darei é minha carne, que hei de dar para a vida do mundo" (Jo 6, 52).

"Tomai e comei, este é o meu corpo, que será entregue por vós; fazei isto em memória de mim" (Lc 22, 19).

"Quem come a minha carne e bebe o meu sangue fica em mim e eu nele" (Jo 6, 57).

"As palavras que eu vos disse são espírito e vida" (Jo 6, 64).

QUARTO LIVRO

O sacramento do Altar

1. A reverência com que se deve receber Cristo

1. ALMA FIEL. São vossas essas palavras, ó Jesus, verdade eterna, ainda que não fossem proferidas todas ao mesmo tempo, nem escritas no mesmo lugar.

Sendo vossas, pois, essas palavras e verdadeiras, devo recebê-las todas com gratidão e fé.

São vossas, porque vós as dissestes; e são também minhas, porque as dissestes para minha salvação.

Cheio de alegria as recebo de vossa boca, para que mais profundamente se me gravem no coração.

Animam-me palavras de tanta ternura, atemorizam-me os meus pecados, e minha consciência impura me afasta da participação de tão altos mistérios.

Atrai-me a doçura de vossas palavras, mas me oprime a multidão de meus pecados.

2. Ordenais que a vós me chegue com confiança, se quero ter parte convosco; e que receba o alimento da imortalidade, se desejo alcançar vida e glória eterna.

"Vinde — dizeis — vinde a mim todos os que sofreis e que estais oprimidos, e eu vos aliviarei" (Mt 11, 28).

Oh! Doces e amorosas palavras aos ouvidos do pecador; vós, Senhor meu Deus, convidais o pobre e mendigo à comunhão do vosso santíssimo corpo.

Mas quem sou eu, Senhor, para ousar aproximar-me de vós?

Os céus dos céus não vos podem conter e vós dizeis: "Vinde todos a mim!" (Mt 11, 28).

3. Que quer dizer essa condescendência tão meiga e esse tão amoroso convite?

Como me atreverei a chegar-me a vós, quando não conheço em mim bem algum em que me possa confiar?

Como posso acolher-vos em minha morada, eu, que tantas vezes ofendi a vossa benigníssima face?

Tremem os anjos e os arcanjos, estremecem os santos e os justos, e vós dizeis: "Vinde todos a mim!" (Mt 11, 28).

Se não fosse vossa essa palavra, quem a teria por verdadeira?

Se vós o não ordenásseis, quem ousaria aproximar-se?

4. Noé, o varão justo, trabalhou cem anos na construção da arca para salvar-se com poucos: como me poderei eu preparar-me numa hora para receber com reverência o Criador do mundo?

Moisés, vosso grande servo e particular amigo, fabricou a arca de madeira incorruptível e revestiu-a de ouro puríssimo, para guardar nela as tábuas da lei; e eu, criatura vil, atrever-me-ei a receber-vos com tanta facilidade, a vós, que sois o autor da lei e o dispensador da vida?

Salomão, o mais sábio dos reis de Israel, levou sete anos a edificar o templo magnífico, em louvor de vosso nome, e celebrou por oito dias a festa de sua dedicação, ofereceu mil hóstias pacíficas, e ao som das trombetas e com muito júbilo colocou a arca da aliança no lugar que lhe havia sido preparado.

E eu, o mais miserável de todos os homens, como poderei receber-vos em minha casa, quando mal sei empregar meia hora com devoção?

E oxalá que uma vez sequer o houvesse empregado dignamente!

5. Ó meu Deus, quanto se esforçaram esses vossos servos para agradar-vos!

Ai, quão pouco é o que eu faço!

Quão pouco o tempo que gasto em preparar-me para a comunhão!

Raras vezes estou de todo recolhido, raríssimo livre de toda distração.

E todavia, na presença salutar de vossa divindade não me devia ocorrer pensamento algum impróprio, nem eu me devia ocupar de criatura alguma, pois vou hospedar, não a um anjo, senão ao Senhor dos anjos.

6. Demais, há grandíssima diferença entre a arca da aliança com suas inefáveis virtudes; entre aqueles sacrifícios da lei, que eram apenas figuras do futuro e o sacrifício verdadeiro de vosso corpo, que é o cumprimento de todos os sacrifícios antigos.

7. Por que, pois, se me não acende melhor o meu coração na vossa adorável presença?

Por que me não preparo com maior cuidado para receber vosso santo mistério, quando aqueles santos patriarcas e profetas, reis e príncipes, com todo o povo, mostraram tanta devoção e fervor no culto divino?

8. Com religioso transporte dançou o piedosíssimo rei Davi diante da arca da aliança, em memória dos benefícios concedidos outrora a seus pais; mandou fabricar vários instrumentos musicais, compôs salmos e ordenou que se cantassem com alegria, e ele mesmo os cantava muitas vezes ao som da harpa; ensinou ao povo de Israel a louvar a Deus de todo o coração e engrandecê-lo e bendizê-lo todos os dias, a uma voz.

Se tanta era, então, a devoção e o fervor divino diante da arca do testamento, quanta reverência e devoção devo eu ter agora, e todo o povo cristão, na presença do Sacramento e na recepção do preciosíssimo corpo de Cristo!

9. Correm muitos a diversos lugares para visitar as relíquias dos santos, e admiram-se ouvindo narrar os seus feitos; contemplam os vastos edifícios dos templos e beijam os sagrados ossos, guardados em seda e ouro.

E eis que estais presente diante de mim, no altar, vós, meu Deus, Santo dos santos, Criador dos homens e Senhor dos anjos.

Em tais visitas, muitas vezes é a curiosidade e a novidade das coisas que move os homens; e diminuto é o fruto de emenda que recolhem, principalmente quando fazem essas peregrinações com leviandade, sem verdadeira contrição.

Aqui, porém, no Sacramento do Altar, vós estais todo presente, Deus e homem, Cristo Jesus; aqui o homem recebe copioso fruto de terna salvação, todas as vezes que vos recebe digna e devotamente.

Aí não nos leva nenhuma leviandade, nem curiosidade ou atrativo dos sentidos, mas sim a fé firme, a esperança devota e a caridade sincera.

10. Ó Deus invisível, Criador do mundo, quão maravilhosamente nos favoreceis, quão suaves e ternamente tratais com vossos escolhidos, oferecendo-vos mesmo como alimento, neste Sacramento!

Isso transcende todo entendimento, isso atrai os corações dos devotos e acende o seu amor.

Porque esses teus verdadeiros fiéis, que empregam toda a sua vida na própria emenda, recebem muitas vezes deste augusto

Sacramento copiosa graça de devoção e amor à virtude.

11. Ó graça admirável e oculta deste Sacramento, que só dos fiéis de Cristo é conhecida, mas que os infiéis e escravos do pecado não podem experimentar!

Neste Sacramento se dá a graça espiritual, recupera a alma a força perdida, refloresce a formosura deturpada pelo pecado.

Tamanha é, às vezes, esta graça, que, pela abundância da devoção recebida, não só a alma, mas também o corpo sente-se munido de maiores forças.

12. É, porém, muito para chorar e lastimar a nossa tibieza e negligência, o pouco fervor em receber a Jesus Cristo, em quem reside toda a esperança e merecimento dos que se hão de salvar.

Porque ele é a nossa santificação e redenção, ele o consolo dos peregrinos e o gozo eterno dos santos.

E assim é muito para chorar o pouco caso que tantos fazem deste salutar mistério, sendo ele a alegria do céu e a conservação de todo o mundo.

Ó cegueira e dureza do coração humano, que tão pouco estima esse dom inefável, antes, com o uso cotidiano que dele faz, chega a cair na indiferença!

13. Pois se esse augusto Sacramento se celebrasse num só lugar e fosse consagrado por um só sacerdote no mundo, com quanto desejo imaginas que acudiriam os homens a visitar aquele lugar e aquele sacerdote, a fim de assistir à celebração dos divinos mistérios?

Agora, porém, há muitos sacerdotes, e em muitos lugares Cristo é oferecido, para que tanto mais se manifeste a graça e o amor de Deus para com os homens, quanto mais largamente é difundida pelo mundo a sagrada comunhão.

Graças vos sejam dadas, bom Jesus, Pastor eterno, que vos dignais a sustentar a nós, pobres e desterrados, com vosso precioso corpo e sangue, e até convidar-nos, com palavras de vossa própria boca, à participação desses mistérios, dizendo: "Vinde a mim todos os que sofreis e estais oprimidos, e eu vos aliviarei" (Mt 11, 28).

2. Deus manifesta ao homem sua bondade e seu amor no sacramento da eucaristia

1. ALMA FIEL. Confiado, Senhor, na vossa bondade e grande misericórdia, a vós me chego, qual enfermo ao médico, faminto e

sequioso à fonte da vida, indigente ao Rei do céu, servo ao Senhor, criatura ao Criador, desconsolado ao meu piedoso Consolador.

Mas donde me vem a graça de virdes a mim?

Quem sou eu, para que Vós mesmos Vos ofereçais a mim?

Como ousa o pecador aparecer diante de Vós?

E Vós, como vos dignais vir ao pecador?

Conheceis vosso servo e sabeis que nenhum bem há nele para que lhe presteis esse benefício.

Confesso, pois, minha vileza, reconheço vossa bondade, louvo vossa misericórdia e dou-vos graças por vossa excessiva caridade.

Por vós mesmos fazeis isso, não por meus merecimentos, mas para que vossa bondade me seja mais manifesta, maior caridade me seja infundida e a caridade me seja mais perfeitamente recomendada.

Pois que assim vos apraz e assim ordenastes, a mim também me agrada vossa condescendência, e oxalá não ponham estorvo meus pecados!

2. Ó dulcíssimo e benigníssimo Jesus, que respeito, que gratidão, que louvores perpétuos vos devemos pela recepção de vosso sagrado corpo, cuja dignidade nenhuma linguagem humana é capaz de explicar!

Mas que hei de pensar nesta comunhão, chegando-me a meu Senhor, a quem não posso devidamente honrar, e todavia desejo receber com devoção?

Que coisa melhor e mais salutar posso pensar, senão humilhar-me totalmente diante de vós e exaltar vossa infinita bondade para comigo?

Eu vos louvo, Deus meu, e Vos engrandeço para sempre.

Desprezo-me, e a Vós me submeto no abismo de minha vileza.

3. Vós sois o Santo dos santos, e eu a escória dos pescadores.

Vós baixais para mim, que não sou digno de levantar os olhos para Vós.

Vindes a mim, quereis estar comigo, convidais-me ao vosso banquete.

Quereis dar-me alimento espiritual e o pão dos anjos, que outro, na verdade, não é senão Vós mesmos, pão vivo, que descestes do céu e dais a vida ao mundo.

4. Eis a fonte do amor, donde resplandece a vossa misericórdia!

Que ações de graças vos são devidas por esse benefício!

Oh! Quão salutar e proveitoso foi o vosso desígnio, em instituir este Sacramento!

Quão suave e delicioso banquete, em que a vós mesmos vos destes em alimento!

Quão admiráveis, Senhor, são vossas obras, quão inefável vossa verdade!

Porque dissestes — e tudo se fez, e fez-se aquilo que ordenastes.

5. Coisa maravilhosa e digna de fé e acima de toda compreensão humana é que vós, Senhor, meu Deus, verdadeiro Deus e homem, estejais todo inteiro debaixo das insignificantes espécies de pão e vinho, e, sem serdes consumido, alimentais aquele que vos recebe.

Vós, Senhor do universo, que não precisais de coisa alguma, quisestes morar em nós por vosso Sacramento; conservai meu coração e meu corpo sem mancha, para que com alegre e pura consciência possa muitas vezes celebrar e receber vossos mistérios, para minha eterna salvação, visto que os instituístes e ordenastes principalmente para vossa honra e perpétua lembrança.

6. Regozija-te, minha alma, e agradece a Deus tão excelente dádiva e singular consolação, que ele te deixou neste vale de lágrimas.

Porque todas as vezes que celebrares este mistério e receberes o corpo de Cristo, renovas a obra de tua redenção e te tornas participante de todos os merecimentos de Cristo.

Pois a caridade de Cristo nunca se diminui, nem se esgota jamais a grandeza de sua propiciação.

Por isso te deves preparar sempre para esse ato pela renovação do espírito, e considerar com atenção este grande mistério da salvação.

Tão grande, novo e delicioso se te deve afigurar, quando celebras ou ouves Missa, como se Deus no mesmo dia descesse pela primeira vez ao seio da Virgem e se fizesse homem, ou como se, pendente da cruz, padecesse e morresse pela salvação dos homens.

3. A utilidade da comunhão frequente

1. ALMA FIEL, Venho a Vós, Senhor, para gozar de vosso dom sagrado, e regozijar-me em vosso santo banquete, "que na vossa ternura, meu Deus, preparastes para o pobre" (Sl 67, 11).

Em Vós se acha tudo o quanto posso e devo desejar; vós sois a minha salvação e redenção, esperança e fortaleza, honra e glória.

"Alegrai, pois, hoje a alma de vosso servo, porque levantei

minha alma a Vós, Senhor Jesus" (Sl 85, 4).

Desejo nesta hora receber-vos com amoroso respeito; desejo hospedar-vos em minha casa, de maneira a merecer como Zaquel, e ser por vós abençoado, e contado entre os filhos de Abraão.

Minha alma anela por vosso corpo; meu coração deseja unir-se a Vós.

2. Dai-Vos a mim, e isso me basta; porque fora de Vós nada me consola.

Sem Vós não posso estar, e sem vossa visita não posso viver.

Por isso muitas vezes devo achegar-me a Vós e receber-Vos para remédio de minha salvação, a fim de não desfalecer no caminho quando estiver privado deste alimento celestial.

Assim Vós mesmo o dissestes uma vez, misericordiosíssimo Jesus, quando pregáveis e curáveis diversas enfermidades: "Não os quero despedir em jejum, para que não desfaleçam no caminho" (Mt 15, 32).

Fazei também do mesmo modo comigo, pois ficastes neste Sacramento para consolação dos fiéis.

Vós sois a suave refeição da alma, e quem dignamente vos receber se tornará participante e herdeiro da glória eterna.

A mim, que tantas vezes caio e peco, tão depressa afrouxo e desfaleço, mui necessário me é que, com a oração, confissão e comunhão freqüente, me renove, purifique e afervore, para não abandonar meus santos propósitos, abstendo-me da comunhão por mais tempo.

3. Pois "os sentidos do homem estão inclinados para o mal desde a sua adolescência" (Gên 8, 21), e se não o socorre o remédio celestial, logo cai o homem de mal a pior.

Porque, se agora, comungando ou celebrando, sou tão negligente e tíbio, que seria se não tomasse este remédio e não buscasse tão poderoso conforto?

E ainda que não esteja, todos os dias, preparado, nem bem disposto para celebrar, contudo me quero esforçar para, nos tempos convenientes, receber os sagrados mistérios e tornar-me participante de tanta graça.

Porque, enquanto a alma fiel, longe de vós, peregrina neste corpo mortal, a única e principal consolação para ela é que muitas vezes se lembre do seu Deus e receba devotamente o seu amado.

4. Ó maravilhosa condescendência de vossa bondade para convosco, que vós, Senhor Deus, Criador e vivificador de todos os

espíritos, vos dignais de vir à minha pobre alma e saciar-lhe a fome com toda a vossa divindade e humanidade!

Ó ditoso coração, ó alma bem-aventurada, que merece receber-vos com devoção a sós, seu Deus e Senhor, e nesta união encher-se de gozo espiritual!

Oh! Que grande Senhor recebe, que amável hóspede agasalha, que agradável companheiro acolhe, que fiel amigo aceita, que formoso e nobre esposo abraça, mais digno de ser amado que tudo o que se ama e deseja!

Dulcíssimo Amado meu, emudeçam diante de vós o céu e a terra com todos os seus ornatos; porque tudo o que têm de brilho e beleza é dom de vossa liberalidade e não chega a igualar a glória de vosso nome, "cuja sabedoria não tem medida" (Sl 146, 5).

4. As graças abundantes que recebem os que comungam devotamente

1. ALMA FIEL. Senhor, meu Deus, preveni o vosso servo "com as bênçãos de vossa doçura" (Sl 20, 4), para que mereça chegar digna e devotamente ao vosso augusto Sacramento.

Atraí meu coração a Vós, e tirai-me do profundo torpor em que me vejo.

"Visitai-me com a vossa graça salutar" (Sl 105, 4), para que possa gozar interiormente vossa suavidade oculta em sua plenitude neste Sacramento, como em sua fonte.

Iluminai também os meus olhos, para contemplar tão grande mistério, e dai-me forças para crê-lo com firmíssima fé.

É obra vossa, não de poder humano; sagrada instituição vossa, não invenção dos homens.

Ninguém pode por si mesmo alcançar e entender o que transcende até as angélicas inteligências.

Como poderei eu, indigno pecador, pó e cinza, investigar e compreender tão profundo e santo mistério?

2. Senhor, na singeleza de meu coração, com fé sincera e firme, e por mandato vosso, chega a Vós cheio de confiança e respeito; e creio verdadeiramente que estais aqui presente neste Sacramento, como Deus e como homem.

Pois quereis que Vos receba e una-me convosco em caridade.

Suplico por isso à vossa clemência, e Vos peço neste momento uma graça particular; que me desfaça inteiramente em Vós e transborde de amor, e que me preocupe mais com nenhuma outra consolação.

Porque este altíssimo e diviníssimo Sacramento é a saúde da alma e do corpo, o remédio de toda enfermidade espiritual.

Cura os vícios, reprime as paixões, vence as tentações ou as enfraquece, aumenta a graça, corrobora a virtude nascente, confirma a fé, fortalece a esperança, inflama e dilata a caridade.

3. Que inumeráveis bens não tendes concedido, e não concedeis ainda todos os dias, neste Sacramento, aos que mais e com fervor vos recebem, ó Deus meu, amparo de minha alma, reparador da fraqueza humana e fonte de toda consolação interior!

Vós os confortais largamente em suas tribulações diversas; de seu profundo abatimento os levantais pela esperança de vossa proteção; com uma graça nova, os reanimais e iluminais interiormente; assim os que se sentiam inquietos e tíbios antes da comunhão, acham-se outros depois que se nutriram desta vianda e bebida celestial.

Assim procedeis para com vossos escolhidos, para que verdadeiramente conheçam e experimentem com evidência toda a fraqueza que lhes é própria, e tudo o que recebem de vossa graça e de vossa bondade.

Porque por si mesmo frios, duros e insensíveis, tornam-se por vossa graça, fervorosos, solícitos e piedosos.

Quem na verdade se aproxima humildemente da fonte de suavidade, e dela não volta com alguma doçura?

Ou quem, estando perto de um grande fogo, não recebe dele algum calor?

Vós sois a fonte sempre cheia e superabundante, o fogo que arde sempre e nunca se apaga.

4. Se, pois, me não é dado haurir água da abundância desta fonte e beber até saciar-me, ao menos chegarei meu lábios à boca da celeste mina, para beber ao menos uma gotinha que me refrigere a sede, e não morra de secura.

E se não posso ser todo celestial, e tão abrasado como os querubins e serafins, trabalharei por aplicar-me à piedade e preparar o meu coração; a fim de que, recebendo humildemente este Sacramento de vida, sinta ao menos em mim alguma faísca de seu divino incêndio.

Tudo o que me falta, bom Jesus, Salvador Santíssimo, supri-o

KIT FESTA

Ganhe Tempo para suas Comemorações

ENTREGAMOS EM DOMICÍLIO

200 Salgadinhos (sortidos)
6 Litros de Refrigerante
1 Bolo de Chocolate ou comum

Por apenas **R$ 99,00**

DOCINHOS OPCIONAIS

LIGUE JÁ

2451-7145
2458-7685
8625-0435

Deia ou Sirlania

LIGUE E MARQUE PARA PROVAR NOSSAS DELÍCIAS ESPERAMOS VOCÊ!

Aceitamos encomendas de:
* Salgados * Mini-pizzas * Pizza Brotinho *

DEUS É FIEL!

Distribuição Interna

vós, benigna e graciosamente, já que vós dignastes a chamar-nos todos a Vós, dizendo: "Vinde a mim, todos os que sofreis e estais cansados; e eu vos aliviarei" (Mt 11, 28).

5. Trabalho com o suor de meu rosto, a dor angustia-me o coração; estou carregado de pecados; agitam-me as tentações, envolvem-me e oprimem-me muitas paixões, e "não há quem me valha" (Sl 21, 12), não há quem me livre e salve, senão Vós, senhor meu Deus e meu Salvador, a que me entrego com tudo o que é meu, para que me guardeis e leveis à vida eterna.

Recebei-me para louvor e glória de vosso nome, já que para mim preparastes vosso corpo como alimento, e vosso sangue como bebida.

Concedei-me, Senhor Deus, Salvador meu, que cresça em mim o fervor da devoção com a freqüência deste mistério.

5. A dignidade do sacramento e o estado sacerdotal

1. JESUS CRISTO. Ainda que tivésseis a pureza dos anjos e a santidade de João Batista, não serias digno de receber nem de tocar este Sacramento.

Porque não são os merecimentos do homem que lhe dão o direito de consagrar e tocar o Sacramento de Cristo e alimentar-se com o pão dos anjos.

Grande mistério e sublime dignidade dos sacerdotes, aos quais é dado o que aos anjos não é concedido!

Pois só os sacerdotes, legitimamente ordenados na Igreja, têm o poder de celebrar e consagrar o corpo de Cristo.

O sacerdote é o ministro de Deus; serve-se de suas palavras por ordem e instituição divina.

Mas Deus, a cuja vontade tudo está sujeito, e a cujo aceno tudo obedece, é aqui o principal autor que opera invisivelmente.

2. Assim pois neste augusto Sacramento, deves crer mais na onipotência de Deus que em teus próprios sentidos ou em qualquer aparência visível.

E por isso deves aproximar-te deste mistério com temor e reverência.

Olha para ti, e para aquele, cujo ministério te foi confiado pela imposição das mãos do bispo.

Foste ordenado sacerdote, e consagrado para celebrar: cuida, pois, em oferecer a Deus esse sacrifício com fervor e devoção, em tempo oportuno, e em levar vida irrepreensível.

Não tornaste mais leve o teu fardo, antes te ligaste com mais estreito vínculo de disciplina e te obrigaste a maior perfeição de santidade.

O sacerdote deve ser ornado de todas as virtudes, e dar aos outros exemplo de santa vida.

Seus costumes não hão de parecer-se aos dos homens vulgares e comuns, senão aos dos anjos no céu ou dos varões perfeitos na terra.

3. O sacerdote revestido das vestes sagradas faz as vezes de Cristo, para rogar devota e humildemente a Deus por si e por todo o povo.

Tem o sinal da cruz do Senhor no peito e nas costas, para que traga sempre na memória a paixão de Cristo.

Diante de si na casula traz a cruz, para que considere atentamente as pisadas de Cristo, e se anime a segui-lo com fervor.

Nas costas traz o sinal da cruz, para que tolere com paciência por Deus qualquer injúria que outrem lhe fizer.

Leva a cruz diante para que chore seus pecados; e atrás para chorar por compaixão os alheios, e para que saiba que é constituído medianeiro entre Deus e o pecador, e não cesse de orar nem de oferecer o santo Sacrifício até que mereça alcançar graça e misericórdia.

O sacerdote, quando celebra, honra a Deus, alegra os anjos, edifica a Igreja, auxilia os vivos, sufraga os mortos e torna-se participante de todos os bens.

6. Pergunta concernente ao exercício antes da comunhão

1. ALMA FIEL. Senhor, quando considero a vossa dignidade e a minha vileza, sinto-me tomado de pavor e confusão.

Porque se não me chego a Vós, fujo da vida; e se me chego indignamente, incorro em ofensa.

Que farei pois, meu Deus, meu protetor, meu conselheiro nas necessidades?

2. Mostrai-me o caminho reto, ensinai-me um breve exercício, conveniente à sagrada comunhão.

É útil saber com que fervor e reverência devo preparar meu

coração para receber com fruto o vosso Sacramento, ou para celebrar tão grande e divino sacrifício.

7. O exame da própria consciência e propósito de emenda

1. JESUS CRISTO. Acima de tudo deve o sacerdote de Deus dispor-se para celebrar, tocar e receber este Sacramento com profunda humildade de coração e devota reverência, com fé plena e piedosa intenção de honrar a Deus.

Examina diligentemente tua consciência, e, na medida de tuas forças, purifica-a e orna-a com verdadeira dor e humilde confissão; de maneira que nada tenhas ou conheças de grave, que te cause remorso e impeça de chegar-te livremente a mim.

Arrepende-te de todos os teus pecados em geral, e pelas faltas diárias dói-te e geme mais particularmente.

E se o tempo o permite, confessa a Deus, no segredo de teu coração, todas as misérias de tuas paixões.

2. Geme e chora por seres ainda tão carnal e mundano, tão pouco mortificado nas paixões, tão agitado por movimentos de concupiscência;

Tão negligente na guarda dos sentidos exteriores, tantas vezes envolto em vãs imaginações;

Tão inclinado às coisas exteriores e tão descuidado das interiores;

Tão fácil ao riso e à dissipação, tão duro às lágrimas e à compunção;

Tão pronto ao relaxamento e à moleza, tão indolente para a austeridade e o fervor;

Tão curioso de ouvir novidade e ver coisas formosas, tão remisso em abraçar as humildes e desprezadas;

Tão cobiçoso de possuir muito, tão parco em dar e avarento em reter;

Tão inconsiderado em falar, tão insofrido em calar;

Tão decomposto nos costumes, tão indiscreto nas ações;

Tão inteperante no comer, tão surdo à palavra de Deus;

Tão pronto para o descanso, tão preguiçoso para o trabalho;

Tão desperto para as frivolidades, tão sonolento para as sagradas vigílias;

Tão impaciente por chegar ao fim, e tão vago na atenção;

Tão negligente em rezar o ofício divino, tão tíbio em celebrar a missa, tão árido na comunhão;

Tão depressa distraído, tão raras vezes plenamente recolhido;

Tão pronto a irritar-se, tão fácil em magoar os outros;

Tão precipitado em julgar, tão rigoroso em repreender;

Tão alegre na prosperidade, tão abatido na desgraça;

Tão fecundo em bons propósitos e tão estéril em pô-los por obra.

3. Depois de teres confessado e chorado com arrependimento e grande pesar de tua fraqueza estes e outros defeitos teus, propõe firmemente emendar sempre a tua vida e progredir na virtude.

Oferece-te em seguida com inteira resignação e sem reserva alguma, no altar de teu coração, como perpétuo holocausto, em honra de meu nome, entregando inteiramente a mim o teu coração e a tua alma, para alcançares assim a graça de celebrar dignamente o santo Sacrifício, e receber com fruto o Sacramento de meu Corpo.

4. Pois não há oferenda mais meritória, nem maior satisfação para apagar os pecados, do que oferecer-se pura e inteiramente a Deus, na Missa e na comunhão, juntamente com a oblação do corpo de Cristo.

Se o homem fizer o que está em suas mãos, e se arrepender sinceramente todas as vezes que vier pedir-me perdão e misericórdia, "juro pela minha vida, diz o Senhor, que não quero a morte do pecador, senão que se converta e viva" (Ez 33, 11), que não me lembrarei mais de seus pecados, e todos lhe serão perdoados.

8. O oferecimento de Cristo na cruz e o dom de si

1. JESUS CRISTO. Assim como Eu me ofereci voluntariamente por teus pecados a meu Pai, com as mãos estendidas na cruz, e o corpo nu, de modo que nada me ficou que não oferecesse em sacrifício para reconciliar-te com Deus; assim deves tu também a cada dia, no sacrifício da missa, oferecer-te a mim, como uma hóstia pura e santa, com todas as tuas forças e afetos e quanto mais intimamente puderes.

Que outra coisa quero de ti, senão que te entregues a mim sem reserva?

O que fora de ti me deres, para mim não tem valor; porque não quero os teus dons, senão a ti mesmo.

2. Assim como sem mim não te bastariam todas as coisas, assim

também não pode agradar-me quanto sem ti me ofereceres.

Oferece-te a mim e entrega-te todo por amor de Deus, e a tua oblação me será aceita.

Olha como eu me ofereci todo a meu Pai por ti; e também te dei todo o meu corpo e o meu sangue em alimento, para ser todo teu, e tu seres todo meu.

Porém, se estás apegado a ti mesmo, e não te entregas espontaneamente à minha vontade, não é inteira a oferenda nem será perfeita a união entre nós.

Por isso, a todas as tuas obras deve preceder o oferecimento voluntário de ti mesmo nas mãos de Deus, se queres alcançar graça e liberdade.

Poucos são iluminados e livres inteiramente, porque poucos sabem ser meu discípulo" (Lc 14, 33).

Se queres pois ser meu discípulo, oferece-te a mim com todos os teus afetos.

9. Devemo-nos oferecer a Deus com tudo o que é nosso e orar por todos

1. ALMA FIEL. Senhor, vosso é tudo o que há no céu e na terra.

Desejo dar-me todo a Vós, em oblações espontâneas e permanecer vosso para sempre.

Na singeleza de meu coração, ofereço-me hoje a Vós, como servo perpétuo, em homenagem e sacrifício de louvor perene.

Aceitai-me com a santa oblação de vosso precioso corpo, que Vos ofereço hoje em presença dos anjos, que a ele invisivelmente assistem; para salvação minha e de todo o vosso povo.

2. Senhor, ofereço-vos sobre o altar de vossa propiciação todos os meus pecados e delitos que cometi em vossa presença e na de vossos santos anjos, desde o dia em que pela primeira vez pude pecar até hoje; para que os abraseis todos juntos e os queimeis com o fogo de vossa caridade, apagueis todas as manchas de meus crimes e me purifiqueis a consciência de todas as faltas, e me restituais vossa graça que perdi pelo pecado, perdoando-me plenamente e recebendo-me misericordioso no ósculo da paz.

3. Que posso eu fazer para expiar os meus pecados, senão confessá-los e deplorá-los humildemente, e implorar continuamente vossa misericórdia? Suplico-vos, meu Deus, ouvi-me propício,

aqui, onde estou, em vossa presença.

Detesto deveras todos os meus pecados: não quero nunca mais cometê-los; deles me arrependo e me arrependerei enquanto viver, disposto a fazer penitência, e satisfazer na medida de minhas forças.

Perdoai-me, Senhor, perdoai-me os meus pecados por vosso santo nome!

Salva a minha alma, que remistes com o vosso precioso sangue.

Entrego-me à vossa misericórdia, e confio-me às vossas mãos; tratai-me segundo a vossa bondade, e não segundo a minha malícia e iniqüidade.

4. Também Vos ofereço, Senhor, todas as minhas boas obras, ainda que poucas e imperfeitas, para que as emendeis e santifiqueis; para que vos agradem e sejam aceitas, e as torneis cada vez melhores; e a mim, o mais inútil, remisso, e o último dos homens, me leveis a um santo e venturoso fim.

5. Ofereço-Vos ainda todos os bons desejos das almas piedosas, as necessidades de meus parentes, amigos, irmãos, irmãs, e de todos os que me são caros, de quantos me fizeram bem a mim e a outro, por vosso amor, e de todos os que me encomendaram e pediram orações e missas por si e por todos os seus, vivos e defuntos.

Para que todos sintam a ajuda de vossa graça, o auxílio de vossa consolação, a proteção nos perigos, a libertação das penas, para que, livres de todos os males, vos dêem, com alegria, infinitas graças.

6. Ofereço-Vos enfim minhas orações e o sacrifício de propiciação, especialmente pelos que de qualquer modo nos lesaram, afligiram, censuraram ou ocasionaram qualquer prejuízo ou gravame; e por todos a quem eu mesmo contristei, molestei, prejudiquei e escandalizei, por palavras e obras, por ignorância ou advertidamente; para que a todos nos perdoeis os nossos pecados e ofensas recíprocas.

Apartai, Senhor, de nossos corações toda a suspeita, indignação, ira e disputa, e o quanto possa ferir a caridade e diminuir o amor do próximo.

Compadecei-vos, Senhor, compadecei-vos dos que imploram a vossa misericórdia; dai a vossa graça aos que dela necessitam; e fazei com que sejamos dignos de gozar de vossos dons, e alcancemos depois a vida eterna. Assim seja.

10. Não se deve deixar a sagrada comunhão sem causa legítima

1. JESUS CRISTO. Deves recorrer com freqüência à fonte da graça e da misericórdia divina, à fonte da bondade e de toda a pureza, para que possam sarar de tuas paixões e vícios, e mereças tornar-te mais forte e mais vigilante entre todas as tentações e ciladas do demônio.

Conhecendo o inimigo o fruto e o supremo remédio que se encontra na santa comunhão, esforça-se, em toda a ocasião e por todos os meios, por apartar e desviar dela, quanto pode, as almas fiéis e devotas.

2. Assim é que padecem alguns as piores investidas do demônio, quando pensam em preparar-se para a santa comunhão.

Esse espírito maligno mete-se entre os filhos de Deus, como está escrito no livro de Jó (Jo 1, 6), para perturbá-los com sua habitual malícia, ou para fazê-los exclusivamente tímidos ou escrupulosos, e desse modo esfriar sua devoção, ou tirar-lhes a fé; e assim consegue que deixem de todo a comunhão ou a ela se cheguem com tibieza.

Mas não devemos inquietar-nos de suas astúcias e sugestões, por mais torpes e horrendas que sejam; antes atirar-lhe em rosto com todas as suas abomináveis imaginações.

Havemos de rir com desprezo desse miserável, e não deixar nunca a sagrada comunhão por causa dos assaltos e turbações que em nós excita.

3. Muitas vezes também nos apartamos da comunhão pela demasiada preocupação de sentir fervor, e por certa inquietação relativa à confissão.

Guia-te pelo conselho de pessoas prudentes, e põe de lado a ansiedade e o escrúpulo: porque são um obstáculo à graça de Deus e matam a piedade.

Não te prives da sagrada comunhão por alguma pequena tribulação ou peso de consciência; mas vai logo confessar-te, e perdoa generosamente as ofensas recebidas.

E se ofendeste alguém, pede-lhe perdão com humildade e Deus te perdoará também de boa vontade.

4. De que serve retardar muito a confissão ou deferir a sagrada comunhão?

Purifica-te o quanto antes, vomita logo o veneno da culpa; toma sem demora o remédio, e te sentirás melhor do que se o diferisses por muito tempo.

Se hoje deixares de comungar por alguma razão, talvez amanhã se apresentará outra maior; e assim te irás afastando cada vez mais da comunhão, e te sentirás menos disposto.

Sacode mais depressa possível esse peso e preguiça; porque de que serve andar sempre ansioso, sempre atribulado, e, pelos obstáculos de cada dia, privar-se dos divinos mistérios?

Pelo contrário, não há coisa mais nociva que adiar a comunhão por muito tempo; pois que essa demora ocasiona de ordinário na alma profundo torpor.

Que tristeza! Cristãos há tão tíbios e frouxos, que gostam de espaçar a confissão, e portanto, retardar a sagrada comunhão, para não se verem obrigados a maior vigilância sobre si mesmos.

5. Oh! Quão pouco amor e fraca devoção têm os que tão facilmente deixam a sagrada comunhão!

Como é feliz e agradável a Deus aquele que vive tão bem, e conserva sua consciência tão pura, que estaria preparado e desejaria comungar todos os dias, se lhe fosse permitido, e o pudesse fazer sem causar estranheza!

Se alguém uma vez ou outra deixa de comungar, por humildade ou por outra razão legítima que o impede, é digno de louvor pela reverência que demonstra.

Se, porém, se lhe vai insinuando a tibieza, deve logo estimular-se e fazer o que está em suas mãos; e o Senhor, que considera especialmente a boa vontade, favorecerá seus desejos.

6. Mas quando estiver legitimamente impedido, conserve sempre a boa vontade e a santa intenção de comungar; e assim não ficará privado do fruto do sacramento.

Pode, na verdade, todo o fiel chegar-se, em qualquer dia e hora, à comunhão espiritual de Cristo, lícita e frutuosamente.

Deverá, porém, em certos dias e no tempo marcado, receber sacramentalmente, com afeto e reverência, o corpo de seu Redentor, buscando nisso mais a honra e a glória de Deus que a própria consolação.

Porque tantas vezes comunga misticamente e se alimenta invisivelmente de Jesus Cristo, quantas medita piedosamente nos mistérios de sua encarnação e paixão, e se abrasa em seu amor.

7. Quem se não prepara para comungar, senão por ocasião de alguma festa, ou porque o costume o obriga, quase nunca se achará bem preparado.

Feliz aquele que se oferece ao Senhor em holocausto todas as vezes que celebra ou comunga.

Não sejas nem vagaroso nem apressado em celebrar; mas conforma-te com o uso ordinário e regular daqueles com quem vives.

Não deves causar aos outros moléstia nem enfado, mas ir pelo caminho ordinário traçado pelos nossos maiores, e atender mais ao aproveitamento dos outros que à tua própria devoção e afeto.

11. O corpo de Cristo e a Sagrada Escritura são de grande necessidade à alma fiel

1. ALMA FIEL. Dulcíssimo Senhor Jesus, que delícias inundam a alma fiel admitida ao vosso banquete, onde não lhe é dado a comer outro alimento, senão Vós mesmo, seu único amado, aspiração suprema dos desejos de seu coração!

Doce me fora, na verdade, derramar em vossa presença copiosas lágrimas de sentido amor, e banhar com elas vossos pés como a piedosa Madalena.

Mas onde se achará uma devoção assim? Onde tão copiosa efusão de tantas lágrimas?

Certamente o meu coração deveria abrasar-se todo e chorar de alegria diante de vós e dos vossos santos anjos; pois que no Sacramento vos tenho verdadeiramente presente, embora oculto debaixo de outras espécies.

2. No esplendor próprio da vossa divindade meus olhos não seriam capazes de contemplar-Vos, e o mundo todo esvaeceria ante o fulgor e a glória de vossa majestade.

Condescendeis com minha fraqueza quando Vos ocultais no sacramento.

Mas possua verdadeiramente e adora aquele a quem no céu os anjos adoram; eu, por enquanto, pela fé, eles diretamente e sem véu.

É preciso que me contente com a luz da verdadeira fé e caminhe à sua claridade até que "desponte a aurora do dia eterno e se dissipem as sombras das figuras" (Cânt 2, 17).

"Quando vier o que é perfeito" (1 Cor 13, 10), cessará o uso dos sacramentos, porque do remédio sacramental não precisarão os bem-aventurados na glória do céu.

Gozam sem fim na presença de Deus contemplando, face a

face, a sua glória; e de claridade, em claridade, transformados nas profundezas divinas, fruem a visão do verbo de Deus, feito carne, tal como foi no princípio e será para toda a eternidade.

3. À lembrança destas maravilhas tudo me causa fastio, até as consolações espirituais.

Enquanto não contemplar o meu Senhor, abertamente, na sua glória, em nada estimo tudo o que vejo e tudo o que ouço neste mundo.

Vós, meu Deus, me sois, testemunha de que não encontro consolação em coisa alguma; descanso em nenhuma criatura; só em Vós, meu Deus, a quem desejo contemplar eternamente.

Mas isso não é possível enquanto eu viver neste corpo mortal.

É preciso, pois, que me arme de grande paciência e a Vós me submeta em todos os meus desejos.

Os vossos santos, Senhor, que hoje exultam convosco no reino do céu, esperaram, durante a vida, com grande fé e paciência, o advento de vossa glória.

O que eles creram, eu creio; espero o que esperaram; aonde chegaram, tenho também, auxiliado com a vossa graça, a confiança de chegar um dia.

No entretanto, confortado com os seus exemplos, caminharei à luz da fé.

Para consolação e espelho da minha vida terei também os livros sagrados; e acima de tudo, para meu singular remédio e meu refúgio, vosso santíssimo Corpo.

4. Sinto que, neste mundo, duas coisas me são extremamente necessárias; sem elas, ser-me-ia insuportável o peso desta miserável vida.

Encerrado no cárcere do corpo, preciso de alimento e luz.

Por isso destes a este enfermo a vossa carne sagrada para alimentar-lhe a alma e o corpo; e a "vossa palavra para iluminar-lhe os passos" (Sl 118, 105).

Sem essas duas coisas não me seria possível viver bem: a palavra de Deus é a luz da alma, vosso sacramento, o pão da vida.

Podem ainda comparar-se às duas mesas, colocadas a um e outro lado do tesouro da santa Igreja.

Numa delas, a do altar sagrado, está o Pai Santo, isto é, precisamente o corpo de Cristo.

Na outra, a lei de Deus, que contém a doutrina santa, ensina a verdadeira fé e guia com segurança até o interior do véu onde está o Santo dos santos.

Graças a Vos dou, Senhor Jesus, luz da eterna luz, por nos haverdes aparelhados pelo ministério dos vossos servos, os profetas, os apóstolos e os outros doutores, esta mesa da sagrada doutrina.

5. Graças Vos dou, Criador e Redentor dos homens, que, para manifestardes ao mundo a vossa caridade, preparastes a grande Ceia, na qual nos ofereceis por alimento, não o cordeiro simbólico, más o vosso santíssimo corpo e sangue.

Neste sagrado banquete, de que conosco participam os santos anjos, porém, com mais feliz suavidade, alegrais todos os fiéis, inebriando-os com o cálice da salvação, em que se acham todas as delícias do paraíso.

6. Oh! Como é sublime e honroso o ministério do sacerdote a quem é dado, com as palavras divinas, consagrar o Deus de majestade; bendizê-lo com seus lábios; tê-lo nas mãos; recebê-lo na própria boca e distribuí-lo aos outros.

Oh! Quão inocentes devem ser as mãos, quão pura a boca, quão santo o corpo, quão imaculado o coração do sacerdote em que entra tantas vezes o autor da pureza.

Da boca do sacerdote, que tão amiúde recebe o sacramento de Cristo, não deve sair palavra que não seja santa, honesta e útil.

7. Simples e castos sejam os olhos, que tantas vezes contemplam o corpo de Cristo; puras e elevadas para o céu, as mãos que tocam habitualmente o Criador do céu e da terra.

É especialmente aos sacerdotes que se diz na Lei: "Sede santos, por que Eu, vosso Senhor e vosso Deus, sou santo" (Lc 19, 2; 1 Pdr 1, 16).

8. Assista-nos a vossa graça, ó Deus onipotente, para que nós que assumimos o ministério sacerdotal, possamos servir-vos digna e devotamente na pureza de uma boa consciência.

E se não podemos viver com inocência tão perfeita como devêramos, concedei-nos, ao menos, a graça de chorar sinceramente as faltas que cometemos e, com espírito de humildade, formar o bom propósito de vos servir de agora por diante com maior fervor.

12. A alma deve-se preparar com grande deligência para a sagrada comunhão

1. JESUS CRISTO. Eu sou amigo da pureza, e de Mim vem toda a santidade.

Busco o coração puro, e aí é o lugar do meu descanso.

Prepara-me um "grande cenáculo e bem adornado" (Mc 14, 15), e celebrarei em tua casa a Páscoa com meus discípulos.

Se queres que venha a ti, e fique contigo, purifica-te do fermento velho, e limpa a morada de teu coração.

Desterra tudo o que é mundano e o tumulto dos vícios.

Pousa como o "passarinho, solitário sobre o telhado" (Sl 101, 8), e pensa em teus pecados, na amargura da tua alma.

Pois um amigo prepara a seu amigo o melhor e o mais belo aposento, e assim lhe dá a conhecer com que carinho o recebe.

2. Sabe, porém, que não podes, por teus próprios esforços preparar-te dignamente, ainda que nisso empregues um ano inteiro sem outra coisa no pensamento.

Só por minha bondade e graça te é permitido chegar à minha mesa, como se um rico convidasse à sua mesa um mendigo que não tivesse outra coisa para pagar esse benefício senão humildade e agradecimento.

Faze, pois, o que está em ti, e fazê-o com diligência.

Recebe, não por costume ou constrangimento, mas com temor, reverência e amor, o Corpo de teu Deus e Senhor amado, que se digna a vir a ti.

Fui Eu que te chamei, Eu que te mandei vir, Eu suprirei o que te falta; vem e recebe-me.

3. Quando te concedo a graça da devoção, agradece ao teu Deus; não porque a tenhas merecido, senão porque tive misericórdia de ti.

Se não a possuís, antes sentes aridez, insiste na oração, geme, bate à minha porta, e não desistas até que mereças receber uma migalha ou uma gota da minha graça salutar.

Tu precisas de Mim; Eu não preciso de ti.

Não és tu que vens santificar-me a Mim; sou Eu que venho a ti, para santificar-te e fazer-te melhor.

Tu vens, para seres santificado por Mim, e não desistas até que mereças receber uma graça nova e de novo te abrasares no ardor de tua emenda.

Não desprezes, pois, essa graça; mas prepara com toda a diligência o teu coração, e acolhe em ti o teu amado.

4. Importa, porém, que não só antes da comunhão te excites ao fervor, senão que o conserves com cuidado depois da recepção do Sacramento.

Nem é menos necessária depois a vigilância do que o é antes a devota preparação; porque o cuidado, que depois se tem, é por sua vez a melhor preparação para obter maior graça.

E indispõe-se para ela a alma que logo se derrama em demasia nas consolações exteriores.

Guarda-te de falar muito, recolhe-te a algum lugar retirado, e goza de teu Deus.

Tu possuis aquele que o mundo inteiro não te pode roubar.

Sou Eu aquele a quem te deves entregar sem reserva, de modo que, livre de todo o cuidado, não vivas mais em ti, senão em Mim.

13. A alma devota deve desejar de todo o coração unir-se a Cristo na comunhão

1. ALMA FIEL. "Quem me dera, Senhor, achar-Vos a Vós só" (Cânt 8, 1), para Vos abrir todo o meu coração, e gozar de Vós, como minha alma deseja: de modo que ninguém me despreze, nem criatura alguma me preocupe ou lance sobre mim os olhos, mas só Vós me faleis, e eu a Vós, como costuma um amado falar ao amado e um amigo sentar-se à mesa com seu amigo?

O que peço, o que desejo, é unir-me inteiramente a Vós, desviar meu coração de todas as coisas criadas, e, por meio da sagrada Comunhão e freqüente celebração dos divinos mistérios aprender a saborear as coisas celestes e eternas.

Senhor Deus, quando me verei de todo unido a Vós, e absorto em Vós e inteiramente esquecido de mim?

Vós em mim, e eu em Vós; fazei que assim permaneçamos unidos.

2. Em verdade sois "meu amado, escolhi entre mil" (Cânt 5, 10), com quem minha alma se compraz de habitar todos os dias de sua vida.

Sois o autor de minha paz: em Vós está a suprema paz e o verdadeiro descanso, fora de Vós tudo é trabalho, dor e miséria infinita.

Verdadeiramente sois o Deus escondido, não comunicais com os ímpios, mas vossa conversação é com os simples e humildes.

Oh! Quão suave é vosso espírito, Senhor!

Pois para manifestar a vossa doçura para com vossos filhos, Vos dignastes a alimentá-los com o Pão suavíssimo descido do céu.

"Na verdade não há outra nação tão grande, que tenha deuses tão próximos de si, como Vós, Deus nosso" (Dt 4, 7), estais perto de vossos fiéis a quem, para quotidiano conforto, Vos dais como alimento e gozo, para que levantem seus corações aos céus.

3. Que povo haverá tão nobre que se possa comparar ao povo cristão?

Que criatura haverá debaixo do céu tão amado, como a alma piedosa, a quem Deus se comunica para nutri-la de sua gloriosa carne?

Ó inefável graça! Ó admirável condescendência! Ó amor infinito, singularmente reservado para o homem!

E que darei eu ao Senhor por esta graça, por tão exímia caridade?

Não poderei oferecer a meu Deus coisa mais grata, que dar-lhe sem reservas e unir-lhe intimamente o meu coração.

Quando minha alma estiver perfeitamente unida a Deus, então minhas entranhas exultarão de alegria!

Então me dirá Ele: "Se tu queres estar comigo, Eu quero estar contigo".

E eu lhe responderei: "Dignai-vos, Senhor, permanecer comigo, desejo ardentemente estar convosco. Todo o meu desejo é que meu coração esteja unido a Vós".

14. O desejo ardente que algumas almas santas têm de receber o corpo de Cristo

1. ALMA FIEL. "Como é grande, Senhor, a abundância de vossa doçura, que reservais aos que vos temem" (Sl 30, 29).

Quando considero, Senhor, com que devoção e amor algumas almas santas se aproximam do vosso Sacramento, confundo-me muitas vezes, e envergonho-me de mim mesmo, ao ver que me chego tão tíbio e tão frio ao vosso altar, e à mesa da sagrada Comunhão, ao ver que fico tão seco e sem ternura no coração; que não me sinto tão abrasado em vossa presença, ó meu Deus, atraído com tanto ardor e afeto como tantas santas almas, que, pelo intenso desejo da Comunhão e pelo amor sensível do seu coração, não podiam reprimir as lágrimas.

Das profundezas d'alma, com o coração e os lábios, suspiravam por Vós, ó meu Deus, fonte de água viva, não sabendo como saciar e mitigar a fome, senão recebendo o vosso corpo com transportes de alegria e avidez espiritual.

2. Oh! Fé verdadeira e ardente a dessas almas, prova evidente de vossa sagrada presença!

Reconhecem na verdade "o seu Senhor, no partir do pão" (Lc 24,35), aqueles cujo coração arde tão intensamente porque Jesus caminha com eles. Longe está, muitas vezes, de mim a tão terna afeição, o amor tão veemente e tão fervoroso!

Sede-me propício, ó bom, ó doce, ó misericordioso Jesus!

Concedei ao vosso mendigo a graça de sentir, ao menos alguma vez na sagrada Comunhão, um pouco da cordial suavidade de vosso amor, para que minha fé se fortaleça, cresça a esperança em vossa bondade, e, abrasada pelo gosto da celestial mansão, nunca em mim desfaleça a caridade.

3. Poderosa é a vossa misericórdia para conceder-me a graça que eu desejo, e visitar-me em vossa clemência, com o espírito de fervor, quando chegar o dia por Vós designado.

E ainda que eu não sinta os ardentes transportes dessas almas, que são tão perfeitamente vossas, contudo, por vossa graça, suspiro por este grande e inflamado desejo, implorando e almejando o favor de ser contado entre os que Vos amam com tanto fervor, e ser incluído em sua santa companhia.

15. A graça da devoção se alcança com a humildade e a abnegação de si mesmo

1. JESUS CRISTO. Deves buscar com instância a graça da devoção, implorá-la com fervor, esperá-la com paciência e confiança, recebê-la com gratidão, guardá-la com humildade, cooperar solicitamente com ela, e deixar a Deus o tempo e o modo da visita do alto, enquanto não vier.

Deves sobretudo humilhar-te quando sentires interiormente pouca ou nenhuma devoção; mas não te abatas em demasia, nem te entristeças desordenadamente.

Muitas vezes Deus concede num breve instante, o que negou largo tempo; concede algumas vezes no fim da oração o que recusara dar no princípio.

2. Se a graça fosse dada sempre, sem demora e na medida dos nossos desejos, não seria isso conveniente à fraqueza humana.

Por isso deves esperar a graça da devoção, com firme confiança e humilde paciência.

Quando não te for concedida, ou te for subtraída secretamente, deita a culpa a ti mesmo e a teus pecados.

Algumas vezes é bem pequena coisa o que impede e oculta a graça; se é que se pode chamar pequena e não grande o que priva de tão grande bem!

Se removeres esse obstáculo, seja ele grande ou pequeno, e o venceres perfeitamente, terás o que pediste.

3. Porque logo que te entregares a Deus de todo o teu coração, sem buscares mais isso ou aquilo por teu próprio gosto ou capricho, mas de todo se puseres em Suas mãos, te acharás recolhido e sossegado; porque nada te será tão grato e agradável como o beneplácito da divina bondade.

Aquele, pois, que levantar sua intenção a Deus com simplicidade de coração, e se despojar de todo amor ou aversão desordenada de qualquer coisa criada, está muito disposto a receber a graça, e digno do dom da devoção.

O Senhor lança sua bênção onde encontra vasos vazios.

E quanto mais perfeitamente renunciar o homem às coisas terrenas, e estiver morto a si pelo desprezo de si mesmo, tanto mais depressa lhe virá a graça, mais copiosa o penetrará, e tanto mais alto eleva o coração já livre.

4. Então verá claro, viverá na abundância, encher-se-á de admiração e sentirá o seu coração dilatado, porque com ele estará a mão do Senhor, e, ele mesmo se pôs inteiramente em suas mãos para sempre.

Desse modo será abençoado o homem que busca a Deus de todo o coração, e "cuja alma não se ocupa de coisas vãs" (Sl 23, 4).

Este, ao receber a sagrada Eucaristia, merece a grande graça da união com Deus, porque não considera tanto a sua devoção e a sua consolação, como a honra e a glória de Deus, acima de toda devoção e consolação.

16. Devemos expor a Cristo as nossas necessidades e pedir-lhe a sua graça

1. ALMA FIEL. Ó dulcíssimo e amantíssimo Senhor, a quem agora desejo receber devotamente, conheceis a minha fraqueza, e as necessidades que padeço; sabeis em quantos males e vícios estou mergulhado, quão freqüentemente me vejo oprimido e, tentado, perturbado e manchado.

Venho a Vós em busca de remédio, de Vós imploro consolação e alívio.

Falo a quem tudo sabe, a quem são manifestos todos os segredos de meu coração, e é o único que pode socorrer e perfeitamente consolar.

Vós sabeis os bens de que mais preciso, e como sou pobre em virtudes.

2. Eis-me aqui diante de Vós, pobre e despido, pedindo graça, implorando misericórdia.

Dai de comer ao vosso mendigo faminto; aquecei a minha frieza com o fogo de vosso amor; iluminai minha cegueira com a claridade de vossa presença.

Transformai-me em amargura tudo o que é terreno, em provas de paciência todas as penas e contrariedades, em objeto de desprezo e esquecimento todas as coisas vis e criadas.

Erguei meu coração para Vós no céu e não me deixeis andar errante pela terra.

Desde hoje para sempre em Vós só encontre eu doçura, porque só Vós sois a minha comida e bebida, meu amor e minha alegria, minhas delícias e todo o meu bem.

3. Oxalá me abrasasse todo à vossa presença, me consumisse e transformasse em Vós, para que me tornasse um só espírito convosco, pela graça da união interior e pela efusão de um ardente amor!

Não permitais que me afaste de Vós faminto e sequioso, mas usai para comigo da mesma misericórdia que tantas vezes admiravelmente usastes com os vossos santos.

Que maravilha se, unindo-me a Vós, me abrasasse e consumisse todo, sendo Vós fogo que sempre arde e nunca se extingue, o amor que purifica os corações e ilumina a inteligência!

17. O ardente amor e veemente desejo de receber a Cristo

1. ALMA FIEL. Com suma devoção e ardente amor, com todo o afeto e fervor do coração, desejo Senhor, receber-Vos na Comunhão, como Vos desejaram muitos santos e pessoas devotas, que Vos eram tão caras pela santidade da vida e viveram com grande fervor de piedade.

Ó meu Deus, amor eterno, meu único bem, felicidade interminável! Desejo receber-Vos com o mais veemente fervor e com a mais digna reverência que jamais santo algum nem pode sentir.

2. Ainda que indigno de todos aqueles sentimentos de piedade, ofereço-Vos todo o afeto de meu coração, como se eu só estivesse animado de todos aqueles inflamados desejos que tanto Vos agradam.

E o quanto pode conceber e desejar uma alma piedosa, tudo Vos apresento e ofereço com profundo acatamento e entranhável fervor.

Nada desejo reservar para mim, mas, espontaneamente e de todo coração, sacrificar-Vos a minha pessoa e tudo o que me pertence.

Senhor, meu Deus, Criador e Redentor meu, desejo receber-Vos hoje com tanto afeto, reverência, honra e louvor, com tanto reconhecimento, dignidade e amor, com tanta fé, esperança e pureza, como Vos recebeu e desejou vossa Mãe santíssima, a gloriosa Virgem Maria, quando, ao anunciar-lhe o anjo o mistério da Encarnação, respondeu humilde e devotamente:

"Eis aqui a escrava do Senhor; faça-se em mim segundo a vossa palavra" (Lc 1, 38).

3. E como o vosso bem-aventurado precursor, João Batista, o maior dos santos, quando ainda encerrado no ventre materno, exultou de alegria em vossa presença, cheio de gozo do Espírito Santo; e depois, vendo Jesus passar entre os homens, humilhando-se profundamente, dizia com terno amor: "O amigo do esposo, que está a seu lado e o ouve, regozija-se muito ao ouvir a voz do esposo" (Jo 3, 29); assim quisera eu estar inflamado de grandes e santos desejos, e oferecer-me a Vós com todo o meu coração.

Por isso Vos ofereço e apresento as alegrias, os ardentes afetos e os êxtases, as ilustrações sobrenaturais e as celestes visões de todas as almas santas, com as virtudes e louvores que vos tributaram e tributarão todas as criaturas no céu e na terra, por mim e por todos os que se recomendaram às minhas orações, para que sejais por todos dignamente louvado e para sempre glorificado.

4. Recebei, Deus e Senhor meu, os meus votos, desejos de Vos louvar infinitamente, e imensamente Vos bendizer, como requer a vossa inefável grandeza.

Eis o que Vos ofereço, e desejo oferecer-Vos a cada dia e a cada momento, e convido e rogo com instância e afeto, a todos os espíritos celestiais e a todos os vossos fiéis servos, para que, unidos a mim, Vos louvem e agradeçam.

5. Louvem-Vos todos os povos, tribos e línguas, e engrandeçam vosso santo e dulcíssimo Nome com sumo regozijo e ardente piedade. Mereçam encontrar vossa graça e misericórdia todos os que

com reverência e devoção celebram vosso altíssimo Sacramento e com inteira fé o recebem; e roguem a Deus instantemente por mim pecador.

E quando houverem alcançado o almejado fervor e a união furtiva, e se retirarem da sagrada mesa celestial bem consolados e maravilhosamente saciados, hajam por bem lembrar-se de mim, que sou pobre.

18. O homem não deve investigar curiosamente o sacramento, mas ser humilde imitador de Cristo, submetendo o seu entendimento à sagrada fé

1. JESUS CRISTO. Guarda-te da investigação curiosa e inútil acerca deste profundíssimo Sacramento, se não queres submergir num abismo de dúvidas.

"O que ousa perscrutar a Majestade divina será oprimido pela sua glória" (Prov 25, 27).

Mais pode Deus realizar do que o homem compreender.

Não se proíbe a piedosa e humilde inquirição da verdade, disposta a se deixar instruir, e preocupada com seguir a sã doutrina dos santos Padres.

2. Bem-aventurada a simplicidade que deixa as veredas das questões difíceis para caminhar na estrada plana e segura dos mandamentos de Deus.

Muitos perderam a piedade, por quererem esquadrinhar coisas superiores à sua inteligência.

De ti se exige fé e vida pura, e não sublimidade de inteligência ou profunda penetração dos mistérios de Deus.

Se não entendes nem alcanças o que está abaixo de ti, como compreenderás o que está acima?

Submete-te à Deus, curva à fé tua razão, e receberás a luz da ciência, segundo te for útil ou necessária.

3. Alguns padecem graves tentações contra a fé neste Sacramento; mas isso não se lhes deve imputar a eles, mas ao seu inimigo.

Não te preocupes, nem disputes com os teus pensamentos; nem respondas às dúvidas que o demônio te sugere; mas crê na palavra de Deus, crê nos seus santos e profetas, e de ti fugirá o espírito do mal.

É muitas vezes de grande proveito ao servo de Deus padecer certas tentações.

Pois o demônio não tenta aos infiéis e pecadores, porque já os tem seguros; mas tenta e atormenta de mil modos as almas fiéis e piedosas.

4. Vai, pois, com fé sincera e firme, e com humilde reverência achegar-te ao Sacramento.

E tudo o que não puderes compreender, encomenda-o confiantemente a Deus que tudo pode.

Deus não te engana; engana-se quem em si demasiadamente confia.

Deus anda com os simples, revela-se aos humildes, dá inteligência aos pequeninos; ilumina as almas puras, e aos curiosos e soberbos esconde sua graça.

A razão humana é fraca, e pode enganar-se; mas a verdadeira fé não pode ser enganada.

5. Todo o raciocínio e investigação natural deve seguir a fé, não precedê-la ou impugná-la.

Porque a fé e o amor dominam aqui soberanos e, por vias misteriosas, operam neste santíssimo e augustíssimo Sacramento.

Deus eterno, imenso e de poder infinito, opera no céu e na terra coisas grandes e incompreensíveis, e ninguém há que possa penetrar suas maravilhas.

Se as obras de Deus fossem tais que facilmente as pudesse compreender a razão humana, não poderiam dizer-se inefáveis nem maravilhosas.

ÍNDICE

Segundo livro: Exortações à vida interior

Terceiro livro: A consolação interior

Quarto livro: O sacramento do altar

175

COLEÇÃO A OBRA-PRIMA DE CADA AUTOR

IMITAÇÃO DE CRISTO

Tomás de Kempis

TEXTO INTEGRAL

MARTIN CLARET

EDITORA MARTIN CLARET
R. Alegrete, 62 - Bairro Sumaré - São Paulo -SP
Cep: 01254-010 - Tel.: (11) 3672-8144 - Fax.: (11) 3673-7146
www.martinclaret.com.br

Nome _____

Série _____ Grau _____ Professor _____

Escola _____

Esclarecimentos:

Este instrumento de trabalho tem por principal objetivo explorar a leitura, trazendo ao leitor a oportunidade de refletir e de confrontar-se com o texto. Ao nos depararmos com uma obra literária, não podemos desconsiderar o universo contextual do autor e o tipo de reprodução que ele realiza. Presente e passado, estilos individuais, de época, conceitos e preconceitos, tudo deve ser confrontado e analisado ao entrarmos em contato profundo com uma obra. Por mais que a arte queira sobreviver por si própria, ela se tornará vazia e *nonsense* se não carregar marcas de humanidade. Por isso, a Editora Martin Claret tem como lema "pensar é causar", convidando você a trilhar os horizontes pedagógicos que aí estão para "ser mais" e "causar" (subentendam-se transformações pessoais e sociais).

Tomás de Kempis nasceu em 1380, na Alemanha, no povoado de Kempen, foi monge agostiniano e trabalhou a vida toda ensinando no mosteiro, conduzindo as almas que desejavam seguir a vida eclesiástica. Seus textos atravessaram seis séculos e ainda provocam ação nas consciências que querem seguir um caminho espiritual. Traduziu para o entendimento a sensibilidade das coisas divinas. Sua linguagem é humana, suas palavras servem de alimento para a vida ideal, que é a aspiração de todos. "Abrem suas páginas, na ânsia da mesma procura, os mansos e os violentos, os que já encontraram Deus, os que o aguardam e os que ainda não crêem." Eis mais uma obra que a editora Martin Claret coloca ao seu alcance. Leia, quem lê é capaz de "causar".

Reflexões

1. "Não te envaideças, pois, de qualquer arte ou ciência; antes teme pelos conhecimentos que adquiriste."(p.15) Refletindo sobre os dizeres de Kempis analise como tem sido este relacionamento entre o homem e o conhecimento que vem acumulando durante sua história, principalmente no que tange ao desenvolvimento científico. Até que ponto os progressos científicos visam o bem para a humanidade? Você acredita que o conhecimento científico pode se tornar perigoso para a humanidade? Quando?

_____

_____

_____

_____

_____

_____

_____

_____

_____

2. Pode-se afirmar que o homem antes de um "experimentador" é ético? Haverá um limite entre a ética e a ciência?

_____
_____
_____
_____
_____
_____
_____
_____
_____

3. Procure refletir sobre os riscos que a vaidade pode trazer ao desenvolvimento espiritual do homem. Lembre-se dos sete pecados capitais, qual deles seria o mais comprometedor para o desenvolvimento do espírito? Por quê?

_____
_____
_____
_____
_____
_____
_____
_____
_____

4. "O homem apaixonado, até o bem converte em mal e facilmente acredita no mal; o homem bom e pacífico, pelo contrário, faz com que tudo se converta em bem."(p. 49) Argumente sobre a afirmação do autor sobre a paixão humana.

_____
_____
_____
_____
_____
_____
_____

5. "O demônio não dorme, nem a carne já está morta; por isso, não cesses nunca de aparelhar-te para a peleja, porque à direita e à esquerda estão teus inimigos que nunca descansam."(p. 57) Reflita sobre a luta do homem contra as tentações, paixões humanas e sua vigília constante para que não perca de vista o bem que persegue.

_____

_____

_____

_____

_____

_____

_____

6. Releia o trecho: _O pequeno mundo dos que amam a cruz de Cristo_ (p. 59), discuta com outros colegas de estudo a idéia central defendida pelo autor.

_____

_____

_____

_____

_____

_____

_____

_____

7. À p. 69 podemos ler sobre os efeitos do amor divino na vida do homem. Diante desta concepção de amor faça uma analogia ao que, na realidade, as pessoas chamam de amor. Discuta sobre as diferenças entre o pleno amor e as paixões humanas.

_____
_____
_____
_____
_____
_____
_____
_____

8. Reflita buscando o verdadeiro sentido das palavras: "O homem em si nada tem de bom, e de coisa alguma pode gloriar-se." (p.110)

_____
_____
_____
_____
_____
_____
_____
_____

9. Releia a p. 119 — _Os diversos movimentos da natureza e da graça_ — e estabeleça a diferença entre elas.

_____
_____
_____
_____
_____
_____
_____
_____

10. "O homem não deve investigar curiosamente o sacramento, mas ser humilde imitador de Cristo, submetendo o

seu entendimento à sagrada fé." Reflita sobre estas palavras de
Kempis.

_____

_____

_____

_____

_____

_____

_____

_____

_____

_____

_____

_____

Suporte Pedagógico Editorial

CRISTINA SPECHOTO: spechoto@martinclaret.com.br
MAURO ARAUJO DE SOUSA: mauroade@martinclaret.com.br
SILVIO SANTANNA: annasant@martinclaret.com.br

Responsável por:

IMITAÇÃO DE CRISTO: Profa. Cristina Spechoto

Este complemento é parte integrante da obra *Imitação de Cristo*. Não pode ser vendido separadamente. Reprodução proibida. © Editora Martin Claret

Relação dos Volumes Publicados